真の瞑想

自らの内なる光

クリシュナムルティ・トーク・セレクション②

J・クリシュナムルティ［著］
吉田利子＋正田大観［共訳］

This Light in Oneself

True Meditation

by J. Krishnamurti

コスモス・ライブラリー

目次

はじめに

西欧社会の大半が第二のミレニアムと呼ぶことを選んだ時代の終わりが近づき、祝祭計画に忙しいさなか、まわりを見渡すなら、科学、医学、技術、情報へのアクセス、そして知識における驚くべき進歩を——さらには、戦争、貧困、飢餓、政治的・宗教的腐敗、混乱、環境破壊、テロリズム、そして最も豊かな人々のなかにさえもある大きな悲しみを目にする。数千年のあいだ、わたしたちは、個人的な、または社会的な大激変を解決しようとして、外面に——いまや信じがたいほどに複雑な情報を蓄積して操作する専門家たちに、カウンセラーやセラピストや「教育者たち」に、そして宗教的指導者たちに目を向けてきた。しかし、恐怖、葛藤、関係性、意味のない人生という基本的な問題は、依然として残ったままである。

社会のあらゆる部分の人々との議論や全世界の大勢の聞き手を相手にした講話を長年続けてきたクリシュナムルティは、わたしたちが個人の、したがって社会のものでもある根深い葛藤を理解しようとするなら、内面を見つめ、自分自身を知る必要がある、と語った。なぜなら、わたしたちは世界であり、わたしたち個人の混沌が地球的な無秩序を創り出しているのだから、と。

本書の以下のページでは、クリシュナムルティの時間なき洞察を——人類の真の自由、智慧、そして善性の、それらの根源が、わたしたちの一人ひとりによって、どこで発見されるべきかに関するクリシュナムルティの洞察を、これまで未公刊の講話のなかから紹介する。

クリシュナムルティ財団　**レイ・マッコイ**

新しい意識

現在の文化と社会構造に根源的な変化をもたらすには、新しい意識、そしてまったく新しい倫理が必要です。これは明白なことなのですが、左翼陣営も右翼陣営も革命家も無視しているように見えます。どんな教義も方式もイデオロギーも、古い意識の一部です。どれも思考の産物で、思考の活動は――左翼、右翼、中道への――断片化です。この活動は不可避的に、右翼あるいは左翼の流血か全体主義につながります。これが、わたしたちのまわりで起こっていることです。社会的、経済的、倫理的な変化の必要性は見えても、それへの応答は古い意識からのものであり、思考が主要な役割を演じています。人類がはまりこんでいるごたごたや混乱、そして悲惨は古い意識の領域のなかにあり、すべての――政治的、経済的、あるいは宗教的な――人間活動を根底から変えない限り、お互いの、そして地球の破壊をもたらすだけでしょう。分別ある人間には、あまりにも明らかなことです。

人は、自分自身の光でなければなりません。この光が法（law）です。ほかに、法はありません。ほかのすべての法は思考によって作られていて、それゆえに断片的で矛盾しています。自分自身の光であるとは、どんなに合理的で、論理的で、歴史的であっても、そして、どれほど説得力があっても、他の光には従わない、ということです。権威の、教義の、結論の暗い影のなかにいるのでは、自分自身の光にはなれません。倫理は、思考によって作り上げられたものではありません。倫理は、まわりからのプレッシャーの結果ではなく、昨日にも伝統にも属していません。倫理は、愛の子どもであり、愛は、欲望や快楽ではありません。性的な、あるいは感覚的な楽しみは、愛ではありません。

自由とは、自分自身の光であることです。それは、抽象概念ではなく、思考によって生み出されたものでもありません。実際の自由とは、依存や執着からの、経験への渇望からの自由です。思考の構造そのものからの自由とは、自分自身の光であることです。すべての行為はその光のなかで起こり、したがって、決して矛盾がありません。矛盾は、その光が行為と分離しているとき、行為者が行為と分離しているときにのみ存在します。理想や原理は思考の不毛の運動であって、この光との共存はあり得ません。一方が他方を否定するのです。観察者があるところには、この光、この愛は存在しません。観察者の構造は思考によって作り上げられたものであり、決して新しくはなく、決して自由ではありません。「どのように（how）」もシステムもなく、練習（practice）もありません。行為としての「見る（seeing）」があるだけです。みなさんは、他者の目を通じることなく見なければなりません。この光、この法は、みなさんのものでも、他者のものでもありません。ただ光があるだけです。それが愛です。

注意という奇跡

すべての観念や概念、そして理論を捨てて、何か聖なるものが——それは言葉ではありません。なぜなら、言葉は事物ではなく、記述は記述されるものではないからです——あるかどうかを、わたしたちは自分自身で見出すことができるでしょうか？　何かリアルなものが——想像でもなく、何かの幻想や空想でもなく、神話でもない、決して破壊されないリアリティが——あるかどうかを、揺るぎない真理があるかどうかを、わたしたちは見ることができるでしょうか？

それを見出し、それと出会うためには、あらゆる種類の権威を、とくにスピリチュアルな権威を全面的に退けなければなりません。なぜなら、権威とは、同調、服従、あるパターンの受容を意味しているからです。精神は独りで立つことが、それ自身の光であることができなければなりません。この問いを——わたしたちの日々の生において働いていながら、永遠で時間のない何か、思考では測り得ない何かがあるのか、という、この問いを究明する者にとっては、他者に従うことも、集団に属することも、権威や伝統が定めた瞑想方法に従うことも、まったく無意味なのです。日々の生の一部として機能しないなら、瞑想は逃避であり、まったく無益です。これらすべてが意味しているのは、人は独りで立っていなければならない、ということです。独りあること(aloneness)は、孤立(isolation)とは違います。明晰で、自分自身で立つことができ、混乱なく、汚れなくあることは、孤独(loneliness)とは違うのです。

わたしたちが関心をもっているのは生の全体であって、その一部や断片ではありません。みなさんが何を行ない、何を考え、何を感じ、どのようにふるまうか、その全体に関心があるのです。生の全体に関心をもっているのですから、断片である思考を取り上げ、思考を通じてわたしたちの問題すべてを解決することは、まず不可能でしょう。思考は、ほかのすべての断片を寄せ集めて、それ自身を権威づけるかもしれませんが、それらの断片を創り出したのは思考です。わたしたちは進歩や段階的な達成という考え方をするように条件づけられています。人々は心理的な進化を信じていますが、思考の投影以外の何かを心理的に成し遂げる「わたし(me)」などというものがあるでしょうか?

思考の投影ではない何か、幻想でも神話でもない何かがあるかどうかを見出すには、思考をコントロールできるか、思考を停止しておけるか、思考を抑圧できるか、その結果、精神は完全に静止するのかを問わなければなりません。コントロールする者とされるものを意味します。そうではありませんか? では、コントロールとは、コントロールする者とは、誰なのでしょう? コントロールする者もまた、思考によって創り出された「思考の断片」の一つであり、「コントロールする者」という権威をまとっているのではありませんか？　もし、みなさんが、その真理を見るなら、そのとき、コントロールする者はコントロールされるものであり、経験者は経験されるものであり、思考する者は思考であり、両者は分離した別々の主体ではありません。それを理解するなら、そのとき、コントロールする必要はまったくありません。

もし、コントロールする者がいないのであれば、なぜなら、コントロールする者はコントロールされるものだからですが、そのときには、何が起こるでしょう？　コントロールする者とされるものとのあいだに分断があるとき、葛藤があり、エネルギーの浪費があります。コントロールする者がコントロールされるものであるとき、エネルギーの浪費はありません。すると、コントロールする者とコントロールされるものという分断を通じてもたらされる抑圧や抵抗のなかに消え失せていた全エネルギーが蓄積されます。分断がないとき、みなさんには、その全エネルギーが、コントロールしなくてはならないと考えていたものを超えて行くための、その全エネルギーがあります。瞑想においては、思考のコントロールも規律（discipline）もまったくないことを、明確に理解しなければなりません。なぜなら、思考に規律をもたらそうとする、まさにその人が思考の断片であり、思考をコントロールする人も思考の断片だからです。もし、みなさんが、その真理を見るなら、そのときには、比較やコントロールや抑圧を通じて消え失せていた全エネルギーが、実際にあるもの（what actually is）を超えて行くための全エネルギーがあるのです。

わたしたちは、精神は絶対的に静止し得るのか、と問いかけています。なぜなら、静止しているものには、大いなるエネルギーがあるからです。それは、エネルギーの総和です。おしゃべりし、いつも運動のなかにある精神は――いつも振り返り、思い出し、知識を蓄積し、絶えず変化している、思考としての精神は――完全に静止できるでしょうか？　みなさんは、思考が静止し得るかどうかを見出そうとしたことがありますか？　どうすれば思考が静止状態になるのかを、それを、みなさんは、どのように見出しますか？　ご存じでしょうが、思考は時間です。そして、時間は運動であり、時間は測定です。日常生活において、みなさんは測定し比較します。物理的にも、心理的にも、その双方において。それは測定で、比較とは、測定を意味しています。日常生活において、みなさんは比較なしに生きることができますか？　比較を完全にやめてしまうことが――瞑想中だけでなく、日常生活においても、比較をやめてしまうことができますか？　二つの物から選ぶとき、この服かあの服かと考えるとき、みなさんは比較します。二台の車を比較し、知識の一部と一部を比較します。ですが、心理的には、内面的には、わたしたちは自分自身と他者を比較しているのです。この比較がやむとき、そうでなければならないのですが、そのとき、わたしたちは完全に独りで立つことができるのでしょうか？　それは、比較がまったくない、ということを意味しています――植物のようになる、という意味ではありませんよ。では、日常生活において、みなさんは比較なしに生きられるでしょうか？　一度やってみてください。そうすれば、その意味するところがおわかりになるでしょう。そのとき、みなさんはとてつもない重荷を投げ捨てます。そして、不必要な重荷を投げ捨てたとき、みなさんにはエネルギーがあります。

何かに全面的に注意（attention）を向けたことがおありですか？　この話し手が話しているここに、みなさんは注意を向けていますか？　あるいは、比較する精神とともに聞いているのでしょうか？　ある知識をすでに獲得していて、語られていることとすでに知っていることを比較している精神です。みなさんは、語られていることを自分自身の知識に基づいて、自分自身の傾向や偏見に基づいて解釈していませんか？　それは注意ではありません。そうですよね？　完全な注意を向けるなら、身体と神経と目と耳と精神とともに、全存在をあげて注意を向けるなら、注意の起点となる中心はありません。注意があるだけです。その注意とは、完全な沈黙です。

どうか、お聞きください。残念ながら、こういうことのすべてをお話しする人は誰もいないでしょう。ですから、どうか、語られていることに、みなさんの注意を向けてください。聞くという行為自体が注意の奇跡となるように、です。そのような注意のなかには、境界や周縁はなく、したがって方向もありません。ただ注意があり、そのような注意があるとき、わたしもあなたもなく、二元性はなく、観察する者と観察されるものもありません。それは、精神が特定の方向へと動いているときには不可能なのです。

わたしたちは、ここからあそこへと方向に従って動くように教育され、条件づけられています。リアリティ、至福、思考を超えた何かがある、という観念や信念が、概念や方式が、わたしたちにはあります。そして、それを目標、理想、方向として固定して、その方向へ歩くのです。ある方向へ歩くとき、そこには空間（space）はありません。集中して特定の方向に歩く、あるいは考えるとき、精神のなかに、空間はまったくないのです。精神が、執着や恐怖、快楽の追求、権力や地位への欲望で混み合っているとき、みなさんには、空間がまったくありません。そのときは、精神は過密状態となり、何の空間もありません。空間は必要です。そして、そこに注意があるなら、方向はなく、まさに、空間があるのです。

さて、瞑想とは、何の運動もないことを意味しています。つまり、精神は全面的に静止し、どんな方向にも動いていません。何の運動もないのです。運動は時間であり、運動は思考です。もし、みなさんが、その真理を見るなら――言葉による記述ではなく、記述不能のその真理を見るなら――そのときには、静かな、静止している精神があります。そして、静かな精神が必要なのです。ただし、もっと長く眠るためでも、もっと良い仕事をするためでも、もっと金儲けをするためでもありませんよ！

ほとんどの人々の人生は空っぽで、貧弱です。膨大な知識をもっているかもしれませんが、その人生は貧弱で、矛盾していて、全体的ではなく、幸福ではありません。そのすべては貧しさであり、彼らは、内面的に豊かになろうとか、さまざまなかたちの徳を養おうとか、その他あらゆる馬鹿げたくだらないことに人生を浪費します。徳が必要ないというのではありません。そうではなく、徳とは秩序であり、秩序は、自らの無秩序のなかに分け入ったときにのみ、理解できるのです。わたしたちは無秩序な人生を送っています。それが事実です。無秩序とは、矛盾、混乱、各種の強引な欲望であり、あることを言いながら別のことを行ない、理想をもち、そして自分と理想が分断していることです。そのすべてが無秩序であり、それに気づき、そこに注意の全体を向けたとき、その注意のなかから秩序が現われます。それが徳です――それは、生きているものであり、考案され、練習され、醜くなったものではありません。

日常生活における瞑想とは、精神の変容であり、心理的な革命であり、それによって、わたしたちは日常生活を――理論のなかでもなく、理想のなかでもなく、その人生のあらゆる運動のなかで――生きるのです。その人生には、慈悲（compassion）があり、愛（love）があり、そして、卑小さや狭小さや浅薄さのすべてを乗り越えるエネルギーがあります。精神が静かなとき――欲望や意志を通じて静止させられるのではなく、ほんとうに静止しているとき――そのときは、時間に属さない、まったく違った種類の運動があります。

おわかりでしょうが、それを詳しく論じるなんて、とんでもないことです。それでは、言葉の記述になってしまいます。したがって、現実のものではありません。重要なのは、瞑想の術（art）

です。「術」という言葉の意味の一つは、すべてを正しい場所に置くことです。人生におけるすべてを、日常生活におけるすべてを、正しい場所に置く。そうすれば、混乱はありません。そして、日常生活のなかに秩序があり、正しいふるまいがあって、精神が完全に静かであれば、そのとき、精神は、測り得ないものがあるかどうかを、自分自身で見出すでしょう。清らかさの最高のかたちである、それを見つけるまでは、人生は鈍重で無意味です。ですから、精神が若々しく、新鮮で、無垢であるためには、正しい瞑想がどうしても必要なのです。無垢とは、傷つき得ない、という意味です。こうしたことのすべてが、瞑想に含まれています。それは、日常生活と別個ではないのです。まさに、日々の生を理解するのに、瞑想が必要なのです。それは、行なっていることに——誰かに話しているとき、自分の歩き方、考え方、考えていることに——完全に注意することであり、そこに注意を向けることは、瞑想の一つです。

瞑想は、逃避ではありません。それは、神秘的な何かでもありません。瞑想から清らかな人生が、聖なる人生が現われます。したがって、みなさんは、すべての事物を聖なるものとして扱うのです。

善く生きる

なぜ、人は変われないのでしょうか？　人は、あちらこちらで少々変わるだけですが、それでも善い社会を求めます。人は秩序を望みます。自分自身において――親密であろうがなかろうが、自分自身の関係性において――だけでなく、世界のなかにおいても、ある種の平和を望みます。開花するべく、そして、ある種の最高の幸福を得るために、独りほうっておかれることを望みます。古代からの歴史全体を観察してみれば、それが人類の要求です。ところが、文明化すればするほど、人はさらに無秩序を創り出し、戦争がさらに増えるのです。地球は、戦争がまったくなかった時代を知りません。人が人を殺し、一つの宗教が別の宗教を破壊し、一つの体制が別の体制を支配し、破壊し、一つの組織が別の組織を抑圧します。

この延々と続く苦闘に気づけば、それから逃げ出さず、コミューンにこもったり、隠者や僧侶になったりせずに、この世界のなかで、正気を保ち、幸せで、知性的に、内面や外面で進行するすべての闘いなしに生きることは可能だろうか、と問うのではありませんか？　もし、そうであれば――いま、みなさんがそう問いかけていることを願っています。わたしたちはともに考えているのですから——そのとき、みなさんは善い社会を求めるはずです。

善い社会を実現することは、古代のヒンドゥー教徒や古代ギリシャ人、エジプト人の夢でした。そして、善い社会は、人類が善良なときにだけ、存在し得るのです。なぜなら、人は善良であることによって善性を創り出し、関係性に、行為に、生き方に善性をもたらすからです。

善とはまた、美しいものを意味しています。善はまた、清らかなものを意味しています。神に、最高の原理にかかわっているのです。「善（good）」という言葉は、とても明確に理解される必要があります。みなさんのなかに善性（goodness）があるときには、みなさんがすることは何でも、関係性も、行為も、考え方も、善でしょう。この言葉の意義全体を、この言葉のとてつもない質を、瞬時に把握できるといいのですが。

どうか、これについてご一緒に、注意深く慎重に考えてください。なぜなら、そこにほんとうに深く分け入るなら、みなさんの意識に影響し、考え方と生き方に影響するはずだからです。ですから、どうか、この言葉の理解に少々注意を向けてください。言葉は事物ではありません。わたしは山をとても美しく描き、詩を書くかもしれません。ですが、言葉、描写、詩は、実際のものではありません。わたしたちは一般的に言葉や描写によって、不合理に感情的に動かされます。

善性は、悪であるものの対極ではありません。善性は、醜いもの、邪悪なもの、悪いもの、美しくないものとは、まったく関係がありません。善性は、それだけで存在するのです。善が、悪いもの、醜いもの、邪悪なものの結果だと言うなら、その善のなかには、悪いものや醜いものや残忍さが含まれています。ですから、善は、善でないものとはまったく無関係であるはずだし、無関係なのです。

何らかの権威を受け入れるときには、善は存在し得ません。権威は非常に複雑です。人間がとても多くの世紀をかけて作り上げてきた法の権威があります。自然の法があります。わたしたちが従う、自分自身の経験の法があります。わたしたちの人生を支配する、自分自身のつまらない反応の法があります。それから、体制の法があります。宗教や教義と呼ばれる、組織化された信念の法があります。ですが、わたしたちは、善性はあらゆるかたちの権威とまったく無関係なのだ、と言っているのです。

それについて検討し、見つめてみましょう。善性は、同調（conformity）の追求ではありません。もし、みなさんが、ある信念に、概念、観念、原理に同調するなら、それは善ではないのです。なぜなら、それは葛藤を創り出すからです。善性は、他者を通じて、宗教的な人物を通じて、教義を通じて、信念を通じて、花開くことはできません。それは、何の権威もない、全的な注意の土壌にのみ、花開くことができます。善性の核心は、葛藤のない精神です。そして、善性は、大いなる責任を意味しています。みなさんは戦争が起こるのを、善でありつつ許容することはできません。ですから、ほんとうに善である人は、彼の人生全体に責任があるのです。

わたしたちは問いかけています。体制や信念や権威的な宗教人の圧力がある社会で生きてきた人が善であり得るか、と。なぜなら、わたしたちが違う社会を創り出すことになるのは、みなさんが善であるとき、人間として全面的に、そして絶対的に――絶対的にであって、部分的にではありません――善であるときだけだからです。この世界で暮らし、結婚して、子どもがいて、仕事があって、それでいて善であることは可能でしょうか？　わたしたちは、この言葉を、大いなる責任と配慮と注意と勤勉と愛を意味するものとして使っています。「善」という言葉には、このすべてが含まれています。耳を傾けていらっしゃるみなさん、みなさんに、それは可能ですか？もし、可能でないなら、そのとき、みなさんは、いまの社会をそのまま受け入れます。違う社会、いまお話ししているような意味で本質的に善である社会を創り出すには、大いなるエネルギーが必要です。みなさんの注意が必要であり、それは、みなさんのエネルギーを意味しています。人間はたくさんのエネルギーをもっています。人間が何かをしようと望むときには、そうするからです。

あらゆる人が完全に善であることを妨げているのは、何なのでしょう？　何が、障壁となっているのでしょう？　何が、邪魔しているのでしょう？　どうして、人間は――みなさんは――徹底的に正気で善良でいられないのでしょう？　観察する人は、世界とは何なのかを自覚します。自分が世界であり、世界は自分と異ならないのだと、自分がこの世界を創り出したのだと、自分が社会を創り出したのだと、自分が宗教を――数えきれない教義や信念や儀式があり、分離があり、党派を有する宗教を――創り出したのだと、自覚します。人類がそれを創り出したのです。それが、わたしたちが善であることを妨げているのでしょうか？　わたしたちが信じているからでしょうか？　あるいは、セックスや恐怖、不安や孤独といった、自分自身の問題ばかりに関心があるので、満たされたいと願い、何かしらのものに同一化したいと望んでいるからでしょうか？それが、人間が善であることを阻んでいるのでしょうか？　阻んでいるなら、それには何の価値もありません。この善性の質をもたらすにあたり、どんな方向からであれ――自分の信念、自分の原理、自分の理想をも含む、どんな方向からであれ――圧力がその善性の存在を妨げているとわかれば、みなさんはきっぱりと、何の葛藤もなく、そうしたものを自然に捨て去るでしょう。なぜなら、そんなものは馬鹿げているからです。

いまの全世界の大きな混沌と無秩序は、生命を危うくしています。それは、あらゆるところに広がっています。ですから、自分自身と世界を真剣に観察する者は、誰もがこうした問いかけをするはずです。科学者、政治家、哲学者、心理分析家、グル［霊的指導者］たち――インド出身であれ、チベット出身であれ、みなさんの母国の出身であれ――は、わたしたち人類の問題を解決しませんでした。あらゆる種類の理論を提示しましたが、問題は解決しなかったのです。ほかの誰も解決しないでしょう。わたしたちが自分でこれらの問題を解決しなければならないのです。なぜなら、わたしたちが問題を創り出したのですから。ところが残念なことに、わたしたちは自分自身の問題を見つめ、そのなかへ分け入り、なぜわたしたちはこれほどまでに自己関心的で自分勝手な人生を生きているのかを究明しようとはしないのです。

わたしたちは、善性とともに、その美と聖性とともに生きることはできるのか、と問いかけています。できないなら、自分の人生に、子どもたちの人生に、そして、その先の子孫たちの人生に増大していく混沌という危険を受け入れることになります。

わたしたちには、自分自身を知るという問題に分け入って行く意志があるでしょうか？　なぜなら、わたしたち自身が世界だからです。全世界の人たちは——皮膚の色や宗教、国籍、信念が何であれ——心理的に、内面的に苦しんでいます。彼らは、大きな不安と大きな孤独を経験し、自分のいまの生き方にとてつもない絶望感と鬱々たる気持ちと無意味さを感じています。世界中の人々が心理的には同様です。それが、現実であり、真理であり、実際なのです。ですから、心理的には、みなさんは世界で、世界はみなさんです。みなさんは自分自身を理解するとき、人類全体の構造と性質を理解するのです。それは、単なる自分勝手な究明ではありません。なぜなら、自分自身を理解するとき、みなさんは自分自身を超えて行って、異なる次元が現れるからです。

わたしたちを変えるのは、何でしょうか？　もっと多くの衝撃ですか？　もっと多くの大惨事ですか？　違うかたちの政府でしょうか？　違うイメージですか？　違う理想ですか？　そのようなものは多種多様にありましたが、それでも、みなさんは変わりませんでした。教育がさらに高度になり、わたしたちがさらに文明化——自然からますます遠ざかるという意味での文明化ですが——するにつれて、わたしたちは、ますます非人間的になっています。では、わたしたちは、どうすべきなのでしょう？　外側にあるものは、あらゆる神々を含め、何も助けにならないのであれば、自分独りで自分自身を理解しなければならないのは明らかです。自分とは何であるかを見て、自分自身を根源的に変えるしかない、ということです。そうすれば、そこから善性が現われます。そして、人は善い社会を創り出せるのです。

自らの内なる光

人は際限なくしゃべり、言葉に言葉を積み重ね、さまざまな結論に達することができます。ですが、すべての言葉の混乱の外に、もし、明晰な行為が一つあるなら、その行為は、言葉の一万倍も価値があります。わたしたちのほとんどは、行為することを恐れています。なぜなら、わたしたちは混乱し、無秩序で、矛盾していて、惨めだからです。この混乱や乱雑さにもかかわらず、わたしたちは、何らかの明晰さが現われないかと願います。他者から来るのではない明晰さ、決して曇ったりしない明晰さ、与えられたり誘導されたりせず、さらには奪われることもない明晰さ、どんな意志的努力もどんな動機もなしにそれ自身を保っている明晰さ、終わりがなく、したがって始まりもない明晰さが現われないかと。

わたしたちのほとんどは、そもそも内面的な混乱に気づいているのであれば、そのような明晰さを願い求め、これを欲し求めます。そのような明晰さに出会えるのか、そして、精神と心が非常に明晰で、動揺しなくなり、何の問題も恐怖もなくなるのか、これについて見てみましょう。人は自らの光に、他者にまったく依存しない完全に自由な光になれるのか、これを見る［理解する］

ことは、とてつもなく価値があるはずです。混乱と無秩序の層を一つずつはがしながら、多くの日々や歳月を（おそらく全生涯を）かけて、知的かつ分析的に問題を精査することも可能ですが、たとえ、そうしてみても、たぶん、それは見つからないでしょう。みなさんは、そのような原因と結果を分析するプロセスを踏むこともできますし、あるいは、そのすべてを完全に回避して、どんな知的権威の仲介もなしに、直接、そこに到達することもできるのです。

そのためには、瞑想が必要です。「瞑想（meditation）」という言葉は、どちらかと言うと歪められてきました。「愛（love）」という言葉のように汚されてきたのです。それでも、これはすばらしい言葉です。とても大きな意味があります。言葉それ自体ではなく、言葉の背後の意味に、とても大きな美があるのです。常に瞑想のなかにある精神の状態に出会えるかどうか、これから、わたしたち自身で考えていくことにしましょう。その瞑想の基礎を築くには、生きるとは何かを、生きることと死ぬことを理解しなければなりません。生を、そして、死のとてつもない意味を理解することが、瞑想です。それは、何か深い神秘的な経験を探し求めることでも、どれほど神聖化された古い言葉であれ、一連の言葉を反復し続けることでもありません。それでは、単に精神を静かにするだけで、同時に精神は鈍く、愚かに、催眠状態になります。それなら、精神安定剤を飲んでも同じで、そのほうがずっと簡単でしょう。言葉の反復、自己催眠、システムやメソッドに従うことは、瞑想ではありません。

経験とは、認知のプロセスを意味します。昨日、わたしはあることを経験し、その経験は、わたしに快楽あるいは苦痛を与えました。完全にその経験とともにあるには、それを認知しなければなりません。認知とは、以前すでに起こった何かについてのものであり、したがって、経験は、決して新しくはないのです。真理は、決して経験できません。それが真理の美しさであり、真理は常に新しく、決して昨日起こったことではないのです。昨日起こったこと、昨日の出来事は、完全に忘れ去るか、通過してしまうか、終わらせなければなりません。それを達成という物差しで測定する経験として持ち越したり、そのとてつもない何かを他者に印象づけたり説得するために持ち運ぶのは、まったく馬鹿げています。「経験（experience）」という言葉については、とても慎重で、用心深くなければなりません。なぜなら、みなさんが経験を思い出せるのは、すでに、自分に起こっているときだけだからです。つまり、そのときには、中心が、思考する者が、終わったことを抱えて持ち続けている観察者がいるはずなのです。真理を経験することはできないのです。「わたし（me）」としての、思考する者としての想起の中心がある限り、真理はありません。他者が、自分はリアルな経験をした、と言うときも信じないでください。彼を権威として受け入れないことです。

わたしたちのすべてが、何かを約束してくれる「誰か」を受け入れたがっています。なぜなら、自分のなかに光がないからです。ですが、誰も、その光を、みなさんに与えてはくれません。どんなグルも、教師も、救世主も、誰も与えられません。わたしたちは、過去にたくさんの権威を受け入れ、他者たちを信じましたが、彼らは、わたしたちを食い物にするか、あるいは、まったくの役立たずでした。ですから、あらゆるスピリチュアルな権威を信じず、否定しなければなりません。誰も、決して死なない光を、わたしたちに与えることはできません。

他者に従うとは、真似することです。従うとは、自分自身の明晰さを、自分自身の究明を、誠実さを、正直さを否定することを意味するだけではありません。同時に、従うことには報償という動機があることを意味しています。真理は、報償ではありません！　真理を理解したいなら、あらゆるかたちの報償と懲罰を完全に捨てなければなりません。権威は、恐怖を意味します。搾取者が真理や経験という名で語るものを得られない恐怖のために自らを律するのは、自分自身の明晰さと正直さを否定することです。みなさんが瞑想しなければならないと言うなら、ある道に、あるシステムに従わなければならないと言うなら、明らかに、みなさんは、そのシステムやメソッドに沿って、自分自身を条件づけているのです。みなさんは、そのメソッドが約束するものを得られるかもしれませんが、それは、ただの灰にすぎないでしょう。達成や成功を動機とするからです。その根には恐怖があるのです。

みなさんとわたし自身のあいだには、何の権威も存在しません。この話し手には、何の権威もいっさいありません。彼は、みなさんを相手に何かを説得しようとしていないし、従うことを求めてもいません。誰かに従うとき、みなさんは、その相手を破壊します。弟子は師匠を破壊し、師匠は弟子を破壊します。歴史上でも、また日常生活でも、そういうことが起こっているのをご覧になれます。妻あるいは夫が互いを支配すれば、互いを破壊するのです。そこには、何の自由も、何の美も、何の愛もありません。

正しい基礎を築かなければ、秩序の、明確なラインと深さの基礎を築かなければ、思考は必ずひねくれ、ごまかし、非現実的になりますから、何の価値もありません。この基礎を、この秩序を築くことが、瞑想の始まりです。わたしたちの人生は――結婚、子ども、仕事、達成を通じて、生まれた瞬間から死ぬまで、わたしたちが生きる日常生活は――戦場です。自分自身のなかだけでなく、外部的にも、家族やオフィス、集団やコミュニティでも同じです。わたしたちの人生は、不断の闘いです。それが、わたしたちが人生と呼んでいるものです。苦痛、恐怖、絶望、不安、そして、多大な悲しみが、いつも影のようにつきまとう――それが、わたしたちの人生です。たぶん、ごく少数の人たちは、この混乱に関する外部的な弁明を探し出さずに、この無秩序を観察することができるでしょう。たとえ、外部的な原因があるとしても、です。たぶん、ごく少数の人たちは、無秩序を観察し、それを知ることが――意識のレベルだけでなく、同時にもっと深いレベルでも、自分自身の内部と世界の無秩序、混乱、恐るべき乱雑さを、受け入れもせず否定もせずに見つめることができるでしょう。生のあり方に変化をもたらすのは、いつでも少数派です。

無意識の精神について、とくに西欧ではたくさんのことが書かれてきました。それに、とてつもない意義が与えられてきたのです。しかし、それは、意識的な精神と同じように些細で浅薄なものです。そのことは、みなさんご自身で観察できます。観察すれば、無意識と呼ばれるものは、人種、文化、家族、自分自身の動機や嗜好の残滓だとわかるでしょう。それが、そこに隠されているのです。そして、意識的な精神は、事務所へ通う、セックスをする等々の日常生活の繰り返しに占拠されています。どちらかに重要性を置くのは、まったく不毛ではないでしょうか。どちらも大した意味はなく、違いとしては、意識的な精神は暮らしの糧を得るための技術的な知識がなければばならない、というだけです。

表層のレベルと深層のレベルは同じようなものであり、両者におけるこの不断の戦いが、わたしたちの生き方なのです。それは、無秩序で、乱雑で、矛盾した、惨めな生き方であり、そこに囚われている精神が瞑想を試みたところで、無意味で子供じみているだけです。瞑想とは、この混乱に秩序をもたらすことです。それも、努力によってではありません。なぜなら、あらゆる努力は精神を歪めるからです。真理を見るためには、精神は絶対的に明晰で、どんな歪曲も、どんな強迫も、どんな方向もあってはならないのです。

ですから、基礎を築かなければなりません。つまり、徳がなければならない、ということです。秩序は徳です。この徳は、わたしたちが受け入れている社会的なモラルとは何の関係もありません。社会はある種のモラルをわたしたちに押しつけますが、その社会は、一人ひとりの人間が作り出したものです。モラルとともにある社会が言うには、みなさんは貪欲でいることができる、神や国家や理想の名において他者を殺すことができる、法の範囲内であれば競争し嫉妬することができる、ということなのですが、そんなモラルはモラルでも何でもありません。有徳であるためには、みなさんは自分のなかにあるそのようなモラルを全面的に否定しなければならないのです。それが徳の美しさです。徳は、習慣ではありません。日々に練習する何かではありません。そのようなものは機械的な繰り返しで、無意味です。有徳であるとは、無秩序とは何かを知ることです。自分自身のなかにある矛盾であり、快楽、欲望、野心、貪欲、嫉妬、恐怖などのさまざまな専制抑圧である、無秩序を知ることです。これらを原因として、わたしたち自身の内部と外部の無秩序があります。それに気づくとは、無秩序と触れ合うことです。それと触れ合うことができるのは、それを否定しないとき、それについての弁明を探し出さないとき、それについて他者を非難しないときだけです。

秩序は、みなさんが確立するものではありません——無秩序の否定のなかに、秩序が存在します。徳は、つまりは秩序ですが、無秩序の性質と構造全体を知るときに現われます。自分自身がいかに徹底的に無秩序で矛盾しているかを観察すれば、これは、かなりシンプルなことです。わたしたちは憎み、そして愛していると考える——それが、無秩序の、二元性の始まりです。徳は、二元性の結果ではありません。徳は、生きているものごとであり、日々に見つけ出されるべきものです。それは、昨日、みなさんが「徳」と呼んだ何かの繰り返しではありません。それでは機械的で、価値がありません。ですから、秩序がなければならないのです。それは、瞑想の一つです。

秩序は、美を意味します。そして、わたしたちの人生には、あまりにも美が少ないのです。美は、人間が作るものではありません。現代のものだろうと古いものだろうと、絵画に美はありません。建築にも、彫像にも、雲にも、葉っぱにも、水面にもありません。美は、秩序があるところに――混乱していない、絶対的に秩序だっている精神があるところに、美はあります。そして、全面的な自己否定があるところにだけ、「わたし (me)」が何の重要性ももたないときにだけ、秩序は存在できるのです。「わたし」の終焉は、瞑想の一つです。それが、唯一の瞑想です。

みなさんは思考のなかで生きてきました。思考することにとてつもない重要性を置いてきたのですが、しかし、思考することは古く、決して新しくはありません。思考は記憶の継続です。みなさんがそのなかで生きてきたのであれば、ある種の継続性が明らかにあります。そして、死んでいるのが、終結し終了しているのが、継続性なのです。それは古い何かであり、それが終わるものだけが、それだけが、新しい何かをもつことができます。ですから、理解するためには、死ぬことがとても重要なのです。知っているすべてに対して死ぬこと。みなさんは、それをやってみたことがありますか？　既知のものから自由になること、ほんの数日でも記憶から自由になることです。どんな議論も、何の恐怖もなく、自分の快楽から自由になることです。自分の家族に対して、家に対して、名前に対して死ぬこと。完全に無名になることです。非暴力の状態で完全に無名な人だけが、何の暴力ももたないのです。ですから、観念としてではなく、実際に、日々に死ぬのです。ときどき、やってみてください。

人は、本や家や銀行口座だけでなく、内面的にも実にたくさんのものを収集してきました。侮辱された記憶、褒められた記憶、自分の特定の経験の記憶、それによって地位を獲得した神経症的な達成。そのすべてに対して、議論もディスカッションも何の恐怖もなく死ぬ――ただ捨てるのです。ときどき、やってみてください。そうすれば、おわかりになるでしょう。心理的にするのですよ。妻を、衣服を、夫を、子どもや家を捨てるのではなく、内面的に、何であろうと執着しないのです。そのなかには、大いなる美があります。結局のところ、それが愛です。そうではありませんか？　愛は、執着ではありません。執着があるときは、恐怖があります。そして、恐怖は必ず専制的に、独占的に、抑圧的に、支配的になります。

瞑想とは、生を理解することであり、秩序をもたらすことです。秩序は徳であり、光です。この光は、どれほど経験豊富で、どれほど賢明で、どれほど博学で、どれほどスピリチュアルであろうとも、他者によって照らされることはありません。地球上の、あるいは天国の誰も、その光を照らすことはできません。みなさんご自身だけが、自らの理解と瞑想のなかで照らすことができるのです。

　自分自身のなかのすべてに対して死ぬのです！　愛とは無垢であり、新鮮で、若く、明晰なのですから。そして、この秩序、この徳、この美、この自らのなかの光を確立すれば、人は乗り越えることができます。つまり、精神が秩序を打ち立てたのであれば、それは思考のものではなく、そのとき、精神は、まったく静かになり、沈黙します――自然に、どんな力に強いられることもなく、どんな規律もなしに、そうなるのです。そして、その沈黙の光のなかで、すべての行為が起こり得るのであり、その沈黙をもとに日々を生きるのです。

　幸運にも、そのはるかなところに達したなら、その沈黙のなかには、まったく異なる運動が、時間のものではなく、言葉のものでもない、思考によって測り得ない運動が存在します。なぜなら、それは常に新しいからです。その測り得ない何かを、それを、人間はこれまでずっと探し求めてきました。ですが、それは与えられることはあり得ず、みなさんが自ら出会わなければなりません。それは言葉ではないし、シンボルでもありません。そんなものは破壊的です。それと出会うためには、完全な秩序が、美が、愛がなければならないのです。したがって、みなさんは、心理的に知っているすべてのものごとに対して死ぬ必要があります。そうすれば、精神は明晰で歪曲なく、ものごとを、外面的にも、内面的にも、あるがままに見るのです。

真理の探究

人生には、何か聖なるものが、思考が発明したものではない何かが、存在するでしょうか？　人は、測り得ない昔から、この質問をしてきました。あらゆる混乱や惨めさや闇や幻想を超える何かが、制度や改革を超える何かが存在するでしょうか？　ほんとうの真実、時間を超えた何かが、あまりにも巨大で思考には到達できない何かが存在するでしょうか？　人間はそれを探究してきたのですが、どうやら、きわめてごくわずかな人々だけが自由にその世界に入れたようです。大昔から、聖職者は、求道者と求道者が見つけたいと思うもののあいだに割り込んできました。聖職者は解釈します。彼は知る者となり、あるいは自分は知っていると考えます。そして、求道者は脇道に入らされたり、迂回したりさせられて、道を見失うのです。

思考は、何をしようとも、聖なるものではありません。それは、物質的なプロセスです。つまりは、わたしたちもまた物質であるように。思考は人々をさまざまな宗教に、さまざまな国民に分断してきました。思考は知識から生まれ、知識は何についても決して全的ではなく、したがって、思考は常に限定され、分離しています。分離している行為があるところには、必ず葛藤があります。共産主義者と資本主義者、アラブ人とユダヤ人、ヒンドゥー教徒とイスラム教徒。これらの分断はすべて、思考のプロセスから生まれたのであり、分断があるところには、必ず葛藤があります。それは法則（law）です。本のなかであれ、教会のなかや寺院のなか、あるいはモスクのなかであれ、思考が作り上げたものに聖なるものは何もありません。どんなシンボルも、聖なるものではありません。シンボルは宗教ではなく、ただの思考のかたちであって、「聖なるもの」と呼ばれる何かへの表面的な反応にすぎません。

真理を探究するためには、人は、すべてのエネルギーを結集しなければなりません。勤勉である能力が必要ですし、パターンに従って行動するのではなく、自分の思考、感情、反感、恐怖を観察し、精神が完全に自由であるべく、それらを超えたはるか遠くまで行く必要があります。最も清らかで、名前もなく、時間もないものを探究するには、明らかに、どんな集団やどんな宗教にも属さず、どんな信念も信条ももたずにいるしかありません。なぜなら、信念や信条は、存在しないかもしれないものを真実として受け入れるからです。自分自身の探究を通じて、活力を通じて、エネルギーを通じて見出すのではなく、何かを真実として受け入れるのが、それが信念の性質です。みなさんは信じます。なぜなら、信念のなかには、あるかたちの安心や快適さがあるからです。ですが、単に心理的な快適さを求める人は、時間を超えたものと出会うことは決してないでしょう。ですから、全面的な自由が必要です。あらゆる心理的な条件づけから自由であることは可能でしょうか？　生物的な条件づけは自然ですが、心理的な条件づけ――憎悪、反感、プライド、混乱をもたらすあらゆるもの――は、思考にほかならない自己の性質そのものです。

見出すためには、注意が必要です――集中ではなく。瞑想することは、ほんとうに大切です。なぜなら、思考のようにただ機械的である精神は、全的で最高の秩序には、したがって完全な自由には、決して出会えないからです。宇宙は、全的な秩序のなかにあります。人間の精神は無秩序のなかにありますが、人は、とてつもなく秩序だった精神を――無秩序を理解し、矛盾や模倣や同調から自由になった精神をもたなければなりません。そのような精神は、注意深い精神です。そのような精神は、何をするにしても完全に注意深く、関係性のなかのすべての行為に注意深くあります。注意は集中ではありません。集中は制約されていて、狭くて、限りがありますが、注意には限りがありません。注意のなかには、沈黙の質があります――思考によって発明された沈黙でも、騒音のあとにくる沈黙でも、ある思考が次の思考を待っている沈黙でもありません。欲望や意志や思考によっては作り上げられない、そのような沈黙がなければならないのです。そして、その瞑想のなかには、コントロールする者はいっさいありません。集団によって発明されたシステムのすべてには、常に、努力、コントロール、規律があります。ですが、規律とは、学ぶことを――同調ではなく、学ぶことを――意味しているのであり、ですから、みなさんの精神は、ますます精妙になっていきます。学びは、絶え間ない運動です。知識に根ざしたものではありません。瞑想は、既知からの、測定からの自由です。そして、その瞑想のなかには、絶対的な沈黙があります。

そして、その沈黙のなかにだけ、名前のないものが存在するのです。

徳の美しさ

思考は、「あるがまま（what is）」と「あるべき（what should be）」のあいだの運動です。思考は、その空間をカバーする時間であり、心理的に「これ」と「あれ」のあいだの分断がある限り、その運動は、思考の時間なのです。ですから、思考とは、運動としての時間なのです。では、「あるがまま」の観察だけがあるとき、思考としての、運動としての時間はあるでしょうか？――それは、観察者と観察されるものとしての観察ではなく、「あるがまま」を超えようとする運動のないただの観察、ということです。精神がこれを理解することは、とても重要です。なぜなら、思考は、とてもすばらしいイメージを聖なるものとして、清らかなものとして創り出すことができ、すべての宗教はそうしてきたからです。すべての宗教は思考をベースにしています。すべての宗教は思考の組織であり、信念の、教義の、儀式のなかにあります。ですから、時間と運動としての思考について完全に理解しない限り、精神はそれ自身を超えられないでしょう。

わたしたちは「あるがまま」を「あるべき」に――理想に変えるように訓練され、教育され、鍛錬されていますが、それには時間がかかります。「あるがまま」と「あるべき」のあいだの空間をカバーする思考の運動全体が、「あるがまま」を「あるべき」に変える時間です。しかし、観察者は観察されるものです。したがって、そこに変えるべきものはありません。「あるがまま」があるだけです。観察者は「あるがまま」をどうしていいかわからず、そこで、「あるがまま」を変えるために、さまざまな方法を試みます。「あるがまま」をコントロールし、「あるがまま」の抑圧を試みます。しかし、観察者は観察されるもので、「あるがまま」は観察者なのです。怒り、嫉妬もまた観察者です。嫉妬は観察者から離れて存在せず、両者は一つです。「あるがまま」を変えようという運動――時間のなかの思考としての運動――がないとき、「あるがまま」を変える可能性はない、と思考が知覚するとき、そのときには、「あるがまま」は完全に停止します。なぜなら、観察者は観察されるものだからです。

これについて深く分け入ってみるなら、みなさんは自分自身でおわかりになるでしょう。これは、ほんとうにとてもシンプルなことです。わたしが誰かを嫌うなら、その嫌悪は、「わたし(me)」や「あなた(you)」と別のものではありません。嫌悪する主体は、嫌悪そのものであって、別のものではありません。そして、思考が「わたしはこの嫌悪を克服しなければならない」と言うとき、それは、実際にあるものを克服しようとする時間のなかの運動であり、それは、思考によって創り出されたものです。ですから、観察者――主体――と、「嫌悪」と呼ばれるものは同一なのです。したがって、そこには、完全な無動性があります。静態的状態としての無動性ではありません。運動の完全な不在であり、したがって、完全な沈黙です。運動としての時間、ある結果を達成する思考としての時間は全面的に終わりに達したのであり、したがって、行為は瞬時です。精神は土台を据えており、無秩序から自由です。それゆえに、徳が花開き、その美しさがあります。その土台のなかに、あなたと他者の関係性のベースがあります。その関係性のなかに、イメージの活動はなく、関係性だけがあります。あるイメージが自らをほかのイメージに合わせることはありません。「あるがまま」だけがあり、「あるがまま」の変更はありません。「あるがまま」の変更も、「あるがまま」の変容も、時間のなかの思考の運動です。

ここまで来たとき、精神は、そして脳細胞も、全面的に静止します。記憶、経験、知識を抱えている脳は、既知の領域で機能できるし、機能しなければなりません。ですが、いまや、精神と脳は、時間と思考の活動から自由になっています。すると、精神は完全に静止します。このすべては、努力なしに起こります。どんな規律やコントロールの感覚もなしに、まさに起こるのです。規律やコントロールは無秩序に属しています。

おわかりでしょうか。わたしたちが言っていることは、みなさんのグルたちやマスター［霊的導師］たち、禅の哲学者たちが言うこととは、まったく違います。なぜなら、ここには何の権威もなく、他者への追従もまったくないからです。もし、誰かに追従するなら、自分自身を破壊するだけでなく、相手をも破壊します。宗教的な精神にとっては、どんな権威もありません。ですが、英知があり、その英知を働かせます。行為の世界においては、科学者の、医師の、運転教習指導者の権威はあります。そのほかには何の権威も、どんなグルもありません。

ですから、そこまで深く分け入れば、精神は、関係性のなかで秩序を確立し、日常生活の複雑な無秩序全体を理解します。無秩序を了解したところから、それへの気づきから、そこには何の選択もなく、徳の美しさが現われます。それは、涵養されるものではなく、思考によってもたらされるものでもありません。その徳は、愛であり、秩序であり、精神がそれを確立して深く根を張らせるなら、それは動かず、変化しません。そして、そのとき、時間の運動全体を探究することが可能になります。そのとき、精神は完全に静かです。観察者もなく、経験者もなく、思考する者もありません。

さまざまなかたちの感覚的な知覚があり、超感覚的な知覚があります。透視やヒーリングといった、あらゆる種類のことも起こります。ですが、それらはすべて二次的なことであり、真理を、そして聖なるものを、ほんとうに発見しようとしている精神は、そうしたことには決してかかわらないでしょう。

そのとき、精神は自由に観察します。そのとき、人間が何世紀にもわたって探し求めてきたものが、名づけ得ないものが、時間のないものが存在します。そして、それは、言葉では表わしようがありません。思考が創り出したイメージは、完全に、まったく停止します。なぜなら、それを言葉で表わしたいと思う主体がないからです。みなさんの精神がそれを発見できるのは、あるいは、それと出会うことができるのは、愛や慈悲と呼ばれるこの不思議なものを、隣人に対してだけでなく、すべてのものに、動物や木々に対して抱くとき、そのときだけです。

そして、そのような精神は、それ自身が聖なるものになります。

すべてのエネルギーの総和

思考は限られています。なぜなら、知識は限られており、思考がどんな行為をしても、何を発明しても、必ず限られているからです。宗教的な精神とは何かを理解するには、明晰な精神と心をもたなければなりません。宗教的な精神とは何かを見出すには、思考が発明したあらゆる儀式とシンボルを全面的に否定しなければならないのです。みなさんが虚偽であるものを拒否し否定すれば、そのときには、真実であるものを発見します。みなさんはあらゆる瞑想のシステムを否定します。なぜなら、それらのシステムが思考によって発明されたものであることを自分自身で見るからです。それらは人間によって作り上げられたものです。人生があまりにお粗末だから、不確実だから、わたしたちは何らかの深い満足を、愛を、安定して永続する変わらないものを求めます。わたしたちは何かしら不変で、変わりようのないものを望みます。そして、あることをすれば、それが得られると思います。しかし、それらは思考が発明したものであり、思考それ自身が矛盾しているのですから、瞑想の構造として思考が作り上げたものは、どんなかたちのものであれ、瞑想ではありません。これは、人間が心理的に発明したあらゆるものの全面的な拒否、全面的な否定を意味しています。技術的なことではありません。それは拒否できません。そうではなくて、人間が真理を探し求めるなかで創造し書き表わしたすべてを否定する、ということです。徒労感や悲しみ、そして苦悩から逃げたくて、わたしたちはその罠にはまります。ですから、人は、あらゆる姿勢、あらゆる呼吸法、あらゆる思考の活動を、全面的に否定しなければならないのです。

そのすべてが否定されるとき、そこで、疑問が生まれます。思考は終わりに達し得るのか？——つまり、思考は時間ですから、時間は止まり得るのか？——ということです。外部的な時間ではなく、なりゆく（becoming）という時間——悟った人になる、非暴力になる、虚栄心の強い人が謙虚になろうとする時間です。心理的に何かになろうとするパターン全体が時間です。時間はまた、思考でもあります。思考は終わりに達し得るでしょうか？　規律を通じてではなく、コントロールを通じてでもありません。というのも、そもそも規律をもたらす主体とは誰なのでしょう？わたしたちのなかには、常に、この二元性の感覚があります。コントロールする者とコントロールされるもの、観察者と観察されるもの、経験する者と経験、思考する者と思考です。わたしたちのなかには、常に、この分断された二元性があります。それは、物理的な観察から生じたのかもしれません。そこには、二元性がありますから。光と影、明と暗、男と女、等々です。わたしたちはたぶん、それを心理の分野に持ち込んだのでしょう。では、コントロールされるものとは別に、コントロールする者があるのでしょうか？　どうか、きわめて慎重に、このことに分け入ってください。

古典的な普通の瞑想においては、その瞑想を広めているグルたちの関心はコントロールする者とコントロールされるものにあります。グルたちは、あなたの思考をコントロールしなさい、と言います。なぜなら、そうすれば、あなたは思考を終わらせるであろうし、あるいは、ただ一つの思考をもつであろうから、と。ですが、わたしたちは、コントロールする者とは誰なのか、と問いかけています。みなさんは「より高い自己（higher self）」「目撃者（witness）」「思考ではない何か」と言うかもしれません。ですが、コントロールする者は思考の一部です。それは明らかですね。ですから、コントロールする者はコントロールされるものなのです。思考は、それ自身を、コントロールする者とコントロールしようとするものとに分断しましたが、それも、依然として思考の活動なのです。思考が神々を発明し、そのあとで、その神々を崇拝するというのは、奇妙な現象です。それは自己崇拝ですから。

さて、コントロールする者の運動全体がコントロールされるものだと理解したとき、そこに、コントロールはまったくなくなります（理解していない人たちにこんなことを言うのは危険ですが）。わたしたちはコントロールするなと主張しているのではありません。コントロールする者はコントロールされるものである、思考する者は思考である、という観察があり、その真理全体とともに、そのリアリティとともにとどまって、もはや思考の介入がないなら、そのときには、まったく違った種類のエネルギーがある、と言っているのです。

瞑想とは、すべてのエネルギーの総和です。思考が摩擦を通じて創り出したエネルギーではなく、すべての葛藤が完全に停止した精神状態のエネルギーです。「宗教（religion）」という言葉が意味するのは、勤勉に（diligently）行動できるようにすべてのエネルギーを結集する、ということであるはずです。宗教的な精神は勤勉に行動する、つまり、配慮し、注視し、観察するのです。その観察のなかには、愛情があり、慈悲があります。

集中は、思考のもう一つの発明です。学校では、本に集中しなさい、と言われます。みなさんは集中することを学び、他の思考を締め出そうとし、窓の外を眺めないようにします。集中のなかには抵抗があって、生命の巨大なエネルギーをあるところまで狭く小さくすることになります。いっぽう、注意には、つまり、選択しない気づきというかたちの無選択の気づきには、すべてのエネルギーが存在します。そのような注意が働いているときには、そこから注意する基点となる中心はありません。いっぽう、集中には、そこから注意する中心が常にあります。

空間についても、お話しすべきでしょう。現代世界での暮らし方、アパートが積み重なっている暮らしには、物理的な空間がまったくありません。外部的に空間がなく、そして内面的にもまったく空間がないのです。なぜなら、わたしたちの脳はいつもしゃべり続けているからです。瞑想とは、思考によって作り上げられたものではない空間を理解する、あるいは、それと出会うことです。その空間は、「わたし（me）」と「わたしではない（not me）」ものとしての空間ではありません。その空間は、発明された空間や観念としての空間ではなく、実際の空間、つまり、広大な距離、限りない距離、妨げられることのない観察、何の障害もない不断の運動なのです。それは、広大な空間であり、その広大な空間のなかには、時間はありません。思考としての時間は、とっくの昔に停止しています。なぜなら、思考には、それ自体の空間があるにしても、それとは別の、その広大な空間はない、と観察するからです。技術を学びたいときには、知識としての思考が、時間としての思考が、空間を必要としますが。

記憶は、あるレベルでは必要ですが、心理的レベルでは必要ありません。常に気づきがあり、その気づきが記憶という脳のあらゆる蓄積を一掃しているときには、進行しつつある「わたし」、達成しつつある「わたし」、葛藤のなかにある「わたし」は終わりに達します。なぜなら、みなさんは自分の家を秩序のなかに据え置いたからです。脳には、それ自体のリズムがあります。ですが、そのリズムは、わたしたちの無節制な浪費や、薬物、信仰、信念、飲酒、喫煙を通じた脳の虐待で乱されてきました。脳は、本来の活気を失ってしまったのです。

瞑想は、生全体の全的な理解の感覚であり、そこから正しい行動が生じます。瞑想は、精神の絶対的な沈黙です。相対的な沈黙や、思考が投影し構築した沈黙ではなく、秩序としての沈黙であり、つまりは、自由です。その全的で完全な、混じり気のない沈黙のなかにのみ、真理であるものが、永遠から永遠へと続くものがあります。

それが、瞑想です。

永遠にして時間のない聖なるもの

脳、それは非常に古くて、とてつもなく有能で、無限の能力をもっており、時間を通じて進化し、大量の経験と知識を獲得してきました。この脳、これほどに重く条件づけられ、絶え間なく自らをすり減らしている脳が若返ることは可能でしょうか？　みなさんの脳が継続性という重荷を降ろし、継続性を終わらせ、何もかもまったく新しく始めることはできるでしょうか？　脳は、まったく無垢になれるでしょうか？　わたしが言っている無垢とは、傷つき得ないという意味です。つまり、他者を傷つけることができないだけでなく、傷つくこともあり得ない脳です。

みなさんの脳、つまりは、すべての人間の脳ですが、それは、記憶にないはるかな昔から進化し、文化や宗教、経済的圧力や社会的圧力によって条件づけられてきました。その脳は、現在まで、時代を超えた継続性を保持してきて、その持続のなかに、安全という感覚を発見してきました。ですから、みなさんは伝統を受け入れるのです。伝統のなかに安全があり、模倣のなかに安全があり、同調のなかに安全があるからです。さらに、幻想のなかにも安全があります。みなさんの神々はすべて、明らかに、思考が作り上げた幻想です。信念あるいは信条は幻想です。信念や信条の必要性はまったくないのですが、信念をもつことは——神でも、イエスでも、クリシュナでも、みなさんのお好みの何であっても——守られている感覚を、神の子宮のなかにいる感覚を与えてくれます。しかし、それは幻想です。

わたしたちは、脳が時間の継続性の終わりを発見することは可能か、と問いかけています。その継続性、知識の継続性をベースにした継続性は、前進、進歩、進化とみなされていますが、わたしたちはそれに疑義を呈しています。継続性を求めるとき、脳は機械的になります。すべての思考は機械的です。なぜなら、すべての思考は記憶をベースにしており、記憶は知識の応答だからです。ですから、新しい思考などはないのです。

「わたし (I) (me)」は継続性です。その「わたし (I)」は何千年ものあいだ、世代から世代へと受け継がれてきました。それは継続性であり、継続するものは機械的で、そこには新しいものは何もありません。そのことがおわかりになるのは、すばらしいことです。

どうか、静かに聞いてください。同意したりせず、ただ聞いてください。脳が傷や痛みを記録している限り、それに継続性を与えます。「わたし (I)」は継続している、という観念を与えるのです。脳がコンピュータのように記録している限り、脳は機械的です。みなさんが侮辱されたり賞賛されたりしたとき、それは記録されます。何千年ものあいだ、そうであったように。それは、わたしたちの条件づけであり、わたしたちの進歩の運動の全体なのです。さて、わたしたちはいま、妥当なものだけを記録して他はいっさい記録しないことは可能だろうか、と問いかけています。どうして、傷つけられたとき、それを記録しなければならないのでしょうか？　誰かがみなさんを侮辱するか褒めそやしたとき、なぜ、記録しなければならないのでしょう？　みなさんが記録するとき——脳が記録するとき——その記録は、侮辱した相手を観察することを妨げます。つまり、みなさんは、侮辱したり賞賛した相手を、精神とともに、記録した脳とともに観察するので、その相手を実際に「見る」ことが決してないのです。記録は継続性であり、その継続性のなかには安全があります。脳は言います。「わたしは一度侮辱された。だから、それを記録し、保持しておいて、将来、傷つくのを防ごう」と。これは肉体的には妥当かもしれませんが、心理的にはどうでしょうか？　人は傷ついてきました。なぜなら、傷つくとは、みなさんが自分自身についてのイメージを築き上げている時間のなかの運動であり、そのイメージが突き刺されたとき、みなさんは傷つくからです。そのイメージをもっている限り、みなさんはいつでも傷つくでしょう。では、そのイメージをもたず、したがって記録もない、ということは可能でしょうか？わたしたちは、瞑想とは何なのかを発見するための土台を作っているのです。

心理的に記録せず、ただ必要で妥当なことだけを記録する、ということは可能でしょうか？生活のなかで秩序を確立したとき——秩序があるとき——そこには、自由が存在します。自由を探し求めるのは、無秩序な精神だけです。全的な秩序があるとき、その秩序そのものが自由なのです。

このことに、非常に深く分け入るためには、ご自分の意識の性質を理解する必要があります。みなさんの意識は、その中身です。中身がなければ、意識はありません。中身がわたしたちの意識を作り上げています。中身とは、わたしたちの伝統であり、不安であり、名前であり、立場です。それが中身で、それが意識です。では、この意識全体が、脳と精神やその中身のすべてを含めてですが、その中身を自覚し、その持続を自覚し、たとえば執着のような意識の一部を取り上げて、それを自発的に終わらせることはあり得るでしょうか？ これは、継続性を破壊することを意味しています。わたしたちは、必要で妥当なことだけを記録し、ほかはいっさい記録しないことは可能か、と問いかけています。この問いの美しさを、この問いの意義を、この問いの深さを理解してください。わたしは、それが可能だと言います。これから説明しますが、説明は事実ではありません。どうか、説明に囚われないでください。そうではなく、説明を通じて事実に達してください。そのときにはもう、説明は重要ではなくなります。

現在それ自身を修正しつつ進行している時間の運動、思考の運動、過去の知識の運動、それが継続性です。それは、脳の記録の運動全体で、それがなければ、わたしたちは知識をもつことはできないでしょう。知識は継続性であり、脳は、その継続性のなかに安全を発見します。ですから、記録しなければならないのです。その運動は心理的な領域を占領してきました。いっぽう、知識は常に限られています。全能の知識はありません。しかし、脳は、知識の運動のなかに安心を発見したので、それにしがみつき、あらゆる出来事や事故を過去に従って解釈します。ですから、脳にとって、過去はとてつもなく重要なのです。なぜなら、脳自体が過去なのですから。

いっぽう、みなさん自身の知性は、継続性を有するものには何ら新しいものはない、と論理的にきわめて明確に見て取ります。新しい香りも、新しい天国も、新しい地球もないのだ、と。そこで、知性は言います。「脳に危険をもたらさない継続性の終わりはあるだろうか？　なぜなら、継続性なしでは、脳は途方に暮れてしまうからだ」と。こうも言います。「わたしが継続性を終わらせたら、その先はどうなるのだろう？」と。脳は安心であることを要求します。では、どうなるのでしょう？　脳は言ってきました。それが虚偽の安心であろうと真実の安心であろうと、脳は安心のなかでしか機能できないし、記録のプロセスの継続性が安心を与えてくれるのだ、と。そこで、みなさんは脳に言います。「必要で妥当なことだけを記録し、それ以外はいっさい記録するな」と。すると、脳は、突然、どうしていいかわからなくなります。なぜなら、脳は安心の必要性に迫られて機能しているからです。それで言います。「安心を与えてくれ、そうしたら、それを追いかけていこう」と。

安心はありません。ですが、そのような種類の安心ではありません。それは、知識を、思考を、正しい場所に置くことです。生の秩序が、まさにその秩序が可能となるのは、脳自身が、脳は無秩序のなかで生きていて安心を求めている、と理解したときだけです。安心とは、あらゆるものを秩序のなかに据え置くことを意味するのだ、と自覚するとき、つまり、妥当であるあらゆるものを記録し、妥当でないものはいっさい記録しないことなのだ、と自覚するとき、脳は言います。「理解した、納得した、この継続性の運動全体が洞察できた」と。脳は洞察したのです。その洞察は完全な秩序の結果であり、それは、脳があらゆるものを正しい場所に置いた、ということです。そのときには、継続性の運動全体への全面的な洞察があります。ですから、脳は必要なことだけを記録し、それ以外はいっさい記録しないでしょう。それは、脳の活動が変化を遂げ、脳の構造そのものが変化を遂げた、ということです。なぜなら、何か新しいものを初めて見ることは、新しい操作機能をもたらすからです。脳が何か新しいものを見るとき、そこには新しい機能があり、新しい有機体が生まれます。初々しく、新鮮で、無垢で、活き活きして、若々しくなることは、精神にとっても、脳にとっても、全体的に必要であり、そうなるのは、心理的な記録がまったくないときです。

愛は、意識のなかにあるのでしょうか？　愛は、継続性をもっているのでしょうか？　わたしたちは言いました。意識は継続性であり、伝統である、と。愛は、この領域の一部でしょうか？　それとも、まったくこの領域の外にあるのでしょうか？　わたしは問いかけています。疑義を呈しているのです。わたしは、そうだとも、そうでないとも言いません。もし、わたしたちの意識の領域内にあるなら、それは、依然として思考の一部ではありませんか？　わたしたちの意識の中身は、思考によって作り上げられています。信念、神々、迷信、伝統、恐怖は、すべて思考の一部です。では、愛は、思考の一部、意識の一部でしょうか？　つまり、愛は欲望か、愛は快楽か、セックスか、という意味です。愛は思考のプロセスの一部でしょうか？　愛は思い出ですか？

もし、知性が最上位であるなら、愛は、まず存在できないでしょう。あるいは、初々しい朝露のように生まれ出ることもできないでしょう。そして、わたしたちの文明は知性を崇拝してきました。なぜなら、知性は、神についての理論を創り出したからです。原理を、理想を創り出したからです。では、愛は、この流れの、この意識の、一部なのでしょうか？　嫉妬が存在するとき、愛は存在できますか？　妻への、夫への、子どもたちへの執着があるとき、愛は存在できますか？　性的魅力の記憶があるとき、思い出や心象があるとき、愛は存在できますか？　愛は、継続性をもっているのでしょうか？　どうか、そこに分け入って、そして見出してください。なぜなら、それは、みなさんの心には存在せず、だからこそ、世界はこれほどに混乱しているのです。

この愛に出会うには、意識の流れ全体が終わりに達するしかありません。みなさんの嫉妬、反目、野心、地位への欲望、もっと良くなりたい、高貴になりたいという欲望、あるいは力の追求——それが空中浮遊の力であれ、ビジネスや地位の、政治や宗教の力であれ、あるいは妻に、夫に、子どもたちにふるう力であれ、同じです——何であれ、利己主義の感覚があるときは、それと別のものは存在しません。そして、利己主義の核心は、記録のプロセスです。悲しみの終焉は慈悲の始まりですが、わたしたちは悲しみを前進の手段として、より良くなるための手段として利用してきました。その反対に、終焉のなかで、限りなく新しい何かが生じるのです。

空間が不可欠です。それも、物理的な空間だけでなく、精神のなかの空間が。つまり、占拠されていない、ということです。わたしたちの精神は常に占拠されています。「どうやって、おしゃべりをやめればいいのか?」「わたしは空間をもたねばならない」「わたしは沈黙しなければならない」。主婦は料理に、子どもたちに占拠されています。信者は神に占拠されています。男性は職業に、セックスに、仕事に、野心に、地位に占拠されています。精神は全体的に占拠されていて、そこには何の空間もありません。

わたしたちは、生のなかに秩序を確立します。規律の秩序でもコントロールの秩序でもない秩序を。わたしたちは、秩序は無秩序の理解からのみ生まれ得ることを、知性によって見てきました。わたしたちは、生のなかに秩序を、関係性のなかに秩序をもたらします。これは非常に重要なことです。なぜなら、生とは関係性であり、運動であり、関係性のなかの行為であるからです。もし、妻との、夫との、子どもたちとの、隣人との――それが近い隣人であろうと、はるかに遠い隣人であろうと――関係性のなかに何の秩序もないなら、瞑想なんか忘れてください。生のなかに秩序がないのであれば、瞑想しようと試みても幻想の罠に落ちるだけです。もし、みなさんが真剣なら、そして秩序があるなら——一時的な秩序ではなく、絶対的な秩序です——その秩序は宇宙の秩序を見守ることができ、その秩序は宇宙的な秩序と関係性をもっています。宇宙的な秩序とは、落日であり、月の出であり、くらべようのない美しい夕空です。単に天体を、宇宙を望遠鏡で観察するのは、秩序ではありません。ここに、わたしたちの生のなかに秩序があれば、その秩序は、宇宙とてつもない関係性をもっているのです。

精神が占拠されているとき、秩序も空間もありません。精神が問題でいっぱいであれば、どうして空間がもてるでしょう？　空間をもつためには、あらゆる問題が起こるとともに即座に解決されるしかなく、それは、瞑想の一つです——問題を翌日にもちこさないことです。占拠されないことは可能でしょうか？　それは、無責任になるという意味ではありません。その反対に、占拠されていないとき、みなさんは関係性に注意を向けるのです。占拠された精神だけが混乱し、したがって、責任が醜悪になり、責任に罪悪感の可能性が生じるのです。どうか、どうすれば占拠されずにいられるのか、と尋ねないでください。そんなことをしたら、みなさんは、システムに、メソッドに、スローガンに占拠されるでしょう。ですが、もし、占拠された精神は破壊的な精神であり、自由な精神ではなく、空間もないことをご自分で見るなら、洞察するなら、それはそうなるのです。

そのとき、わたしたちは、注意に目を向けることができます。みなさん、いま、注意されていますか？　注意するとは、どういうことでしょう？　みなさんがほんとうに深く注意されているなら、注意する起点となる中心はありません。そして、その注意は継続できません。みなさんはそれをお望みかもしれませんが。継続性とは、不注意なのです。注意しているとき、それは耳を傾けているという意味ですが、その注意のなかには、「わたしは学んでいる、聞いている、見ている」と言う中心はないのです。あるのは広大な全体性の感覚だけで、それが注視し、耳を傾け、学んでいるのです。その注意のなかには、思考の運動はありません。注意は持続できないのです。どのようにして注意に到達するか、注意を達成するかを見出さなければならない、と思考が言うとき、注意を捕らえようと望む運動は不注意で、注意の欠如です。注意から遠ざかる運動に気づいているのが、注意深くあることなのです。それが、おわかりになりますか？

精神には、大いなる空間、限りない空間が必要です。それは、まったくおしゃべりがないとき、何の問題もないときにのみ起こり得ます。なぜなら、あらゆる問題が、生じるままに解決されているからです。中心がないときにのみ、みなさんは大いなる空間をもつことができます。中心ができた瞬間には、必ず円周があり、必ず直径があり、中心から外周への運動があります。空間とは、何の中心もないことを意味しています。したがって、それは絶対的に無限なのです。注意とは、聞くことと見ることにすべてのエネルギーを与えることを意味します。そして、そのなかには、中心はまったくありません。そのとき、秩序を理解し、恐怖から自由で、悲しみを終わらせている精神が――快楽の性質を理解し、それに正しい場所を与えている精神が――現われます。

そこで、問題はこういうことです。完全に沈黙している精神の質とは何なのか？　どのようにして沈黙を達成するか、でも、どのようにして精神の安らぎを得るか、でもありません。わたしたちは、絶対的かつ無時間に沈黙している精神の質について話しています。

二つの音符のあいだには沈黙があります。二つの思考のあいだ、二つの運動のあいだには沈黙があります。二つの戦争のあいだには沈黙があります。争いを始める前の夫と妻のあいだには沈黙があります。わたしたちが話しているのは、そのような沈黙の質ではありません。なぜなら、その沈黙は一時的で、消えるからです。わたしたちが話している沈黙は、思考によって生み出されたものでも培われたものでもない沈黙――その沈黙がやってくるのは、存在の運動全体を理解したときだけです。そのなかには、沈黙があります。問いと答えはまったくなく、疑義を呈することも探し求めることもなく、すべてが終わっています。その沈黙のなかに、大いなる空間の感覚と、美しさと、とてつもないエネルギーの感覚があります。そのとき、永遠で、時間のない、あの聖なるものが現われます。それは、文明の産物でも思考の産物でもありません。

それが、瞑想という運動の全体です。

創造とは何か？

最も小さな細胞から最も複雑な脳まで、すべての存在の起源は何なのでしょうか？　そもそも始まりがあるのでしょうか？　そして、このすべてに終わりがあるのでしょうか？　創造とは何なのでしょう？　まったく未知のもの、先入観のない何かを探索するには、そして、感傷的でロマンティックなどんな幻想にも囚われないでいるには、すべての条件づけから、すべてのプログラミングから、あらゆる種類の影響から自由で、したがって、高度に鋭敏で、とてつもなく活動的な脳の質がなければなりません。それは可能でしょうか？　とてつもなく活き活きしていて、どんなかたちの定型や機械的動作にも囚われない脳を、そのような精神をもつことは可能でしょうか？　わたしたちは、恐怖がなく利己的でもない脳を、自己中心的な活動をまったくしない脳をもっているでしょうか？　もっていないなら、杭につながれた動物のように常に自らの影のなかで生き、自らの部族的な限られた環境のなかで生きているのです。

脳は、空間をもたなければなりません。空間とは、ここからあそこへの距離だけでなく、中心がないことを意味しています。中心があるなら、そして中心から外縁へと移動するなら、その外縁がどれほど遠くても、やはり限定されています。ですから、空間とは、中心もなければ外縁もなく、境界もない、ということです。わたしたちは、何ものにも属していない脳をもっていますか？　何ものにも――どんな経験、結論、希望、理想にも――執着していない、したがって、ほんとうに完全に自由な脳をもっていますか？　重荷を負っていたら、はるか遠くまで歩くことはできません。脳が雑で、粗野で、自己中心的であるなら、測り得ない空間をもつことはできないのです。そして、空間とは、空っぽ（emptiness）を――この言葉を、とてもとても注意深く使っているのですが――意味しています。

わたしたちは、この世界のなかで、どんな恐怖も、どんな葛藤もなく、慈悲のとてつもない感覚とともに生きることが、それが可能なのかを見出そうとしています。そのためには、かなりの英知（intelligence）が必要です。英知なしに慈悲はもてません。その英知は思考の活動ではないのです。特定のイデオロギーに、特定の狭い部族主義に、あるいは、どんな宗教的概念であろうが、執着している限り、その限界のゆえに、慈悲深くあることはできません。そして、慈悲は、悲しみが終わるとき、つまり自己中心的な運動が終わるときにのみ、現われることが――存在することが――できるのです。

さて、空間とは、空っぽ、無を意味します。そして、思考によって据え置かれたものが何もないので、その空間はとてつもないエネルギーをもっています。ですから、脳は完全な自由と空間の質をもたなければなりません。つまり、人は無でなければならないのです。わたしたちはすべて、何ものかです。アナリスト、心理療法士、博士。それはけっこうですが、療法士、生物学者、技術者であるとき、そのアイデンティティそのものが脳の全体性を限定してしまうのです。

わたしたちは、自由と空間があるときにだけ、瞑想とは何か、と問いかけることができます。生のなかに秩序という基礎を築いたときにだけ、真の瞑想とは何かを問うことができるのです。恐怖があるなら、秩序はあり得ません。どんな種類の葛藤でもあるなら、秩序はあり得ません。わたしたちの内なる家は完全な秩序のなかにあらねばならず、そのときには非常に安定していて、そこにはどんなおしゃべりもないのです。その安定性には、大いなる強さがあります。家が秩序のなかにないなら、瞑想はほとんど無意味です。みなさんはどんな種類の幻想も発明できます。どんな種類の悟りも、どんな種類の日常的規律も発明できます。ですが、それは、依然として限られているでしょうし、幻想なのです。なぜなら、無秩序から生まれたものだからです。これは、きわめて論理的で、まっとうで、合理的なことです。この話し手がでっちあげて、みなさんに受け入れさせようとしていることではありません。「律せられていない秩序（undisciplined order）」という言葉を使ってみましょうか。律せられていない秩序がないのであれば、瞑想は非常に浅薄で、無意味なものになります。

秩序とは何でしょうか？　思考は心理的秩序を創造することはできません。なぜなら、思考そのものが無秩序だからです。それは、思考が知識をベースにしていて、知識は経験をベースにしているからです。あらゆる知識は限られています。ですから、思考も限られていて、思考が秩序を創造しようと試みると、無秩序をもたらします。思考は、「あるがまま」と「あるべき」のあいだの葛藤を通じて、実際にあるものと理論上のものとの葛藤を通じて、無秩序を創り出します。しかし、あるのは実際にあるものだけであり、理論ではありません。思考は、実際にあるものを、見解という限られた視点から見るのであり、したがって、その行為が無秩序を創り出すことは避けられないのです。わたしたちは、このことを真理として、法則として見ていますか？　あるいは、ただの観念として見ているのですか？　たとえば、わたしが貪欲で嫉妬深いとします。それは、あるがままです。その対極はありません。ですが、対極は、「あるがまま」を理解する手段として、さらには「あるがまま」から逃げる手段として、人間によって、思考によって創り出されます。しかし、あるのは「あるがまま」だけであり、対極なしに「あるがまま」を知覚するとき、そのときには、その知覚そのものが秩序をもたらすのです。

わたしたちの家は秩序のなかにあらねばならず、その秩序は思考によってもたらされることはありません。思考はそれ自身の規律を創造します。これをしろ、あれをするな、これに従え、あれに従うな、伝統的であれ、いや伝統的であってはならない、と。わたしたちは思考という道案内を使って秩序をもたらそうとしますが、思考はそれ自身が限られていて、したがって、どうしても無秩序を創り出します。わたしはイギリス人だ、フランス人だ、ヒンドゥー教徒だ、仏教徒だ、と繰り返し続けるなら、その部族主義は非常に限られたものであり、その部族主義が世界の大惨事を引き起こしているのです。わたしたちは部族主義を終わらせるためにその根元へと向かわずに、より良い戦争を創造しようと試みているのです。秩序は、思考が心理的世界に居場所をもたないときにのみ、現われ得ます（思考は、ある分野においては必要ですが）。世界それ自身が秩序のなかにあるのは、思考が不在のときです。

絶対的に静かな脳をもつことが必要です。脳にはそれ自身のリズムがあり、限りなく活動的で、ある話題から別の話題へ、ある思考から別の思考へ、ある連想から別の連想へ、ある状態から別の状態へとしゃべり続けます。絶えず占拠されています。ふつう、人はそのことに気づいていませんが、どんな選択もなしに気づいているとき、この運動への無選択の気づきが、そして、気づきそのものが、注意そのものが、おしゃべりを終わらせます。どうか、やってみてください。そうすれば、何もかもがどれほどシンプルかが、おわかりになるでしょう。

脳は自由でなければならず、空間と心理的沈黙が不可欠です。みなさんとわたしが話をします。言語を話すので、思考が働きます。ですが、沈黙から語るなら……。言葉からの自由が必要です。脳にはそれ自身のリズムがありますが、そのとき、脳はまったく沈黙します。

それでは、創造とは何でしょうか？　これらすべての始まりとは何なのでしょう？　わたしたちはすべての生命の、わたしたちの生命だけでなく、生きとし生けるものすべての起源を探究しています。深海のクジラたち、イルカたち、小魚たち、小さな細胞、広大な自然、トラの美しさ。いちばん小さな細胞から最も複雑な人間まで――人間の、すべての発明、すべての幻想、迷信、争い、戦争、傲慢さ、下品さ、とてつもない希求、そして、大いなる憂鬱とともに――これらすべての起源とは何なのでしょう?

さて、瞑想とは、その起源と出会うことです。「あなた」が出会うのではありません。その沈黙、その静寂、その絶対的な平穏のなかに、始まりはありますか? そこに始まりがあるなら、終わりがあるはずです。原因［始まり］があれば、結果［終わり］があるのです。原因があるところには、必ず結果があります。それが法則、それが自然です。では、人間の創造、あらゆる生命の創造には、そもそも原因があるのでしょうか? これらすべてに、始まりはありますか? どうすれば見出せるのでしょう?

創造とは何でしょうか? 画家や詩人の、大理石から何かを生み出す人間の創造ではありません。これらはすべて、表示されたものです。表示されたものではない何かが、そのようなものがありますか? 表示されたものではないがゆえに、始まりもなく終わりもない何かが? 表示されたものには始まりがあり、終わりがあります。わたしたちは表示(manifestation)です。神聖なる何かの、あるいは他の何かの結果ではなく、何千年もの、いわゆる進化の、成長の、発展の結果です。そして、わたしたちにも終わりがやってきます。表示されたものは常に破壊され得ます。ですが、そうでないものには時間はありません。

わたしたちは問いかけています。すべての時間を超えた何かがあるのだろうか、と。それは、人間の測定を超えた何か、時間を超えた何かを発見しようとする、哲学者や科学者の、宗教的な人々の探究でした。なぜなら、それが発見できたら、あるいは、それが見えたら、それこそが不死だからです。死の超越です。人間はさまざまな方法で、世界の各地で、さまざまな信念を通じて、それを探し求めてきました。なぜなら、それを発見し、それを自覚すれば、生命には始まりも終わりもないからです。それは、あらゆる概念、あらゆる希望を超えています。それは、巨大なる何かです。

さて、現実に戻りましょう。ご存じでしょうか。わたしたちは一度も、生命を、自分自身の生命を、大いなる深さと広大さをもつ、とてつもない運動として見たことがありません。わたしたちは自身の生命を、つまらないちっぽけなものに矮小化してきました。生命は、まさしく、存在における最も聖なるものです。誰かを殺すことは、あるいは怒ること、誰かに暴力を奮うことは、最も宗教心に欠けた恐ろしいことです。

わたしたちは世界を全体として見ることが、決してありません。なぜなら、わたしたちはこれほどに断片化され、ひどく限られていて、ちっぽけだからです。わたしたちは全体性の感覚をもつことが、決してありません。そのなかでは、海のものも、地上のものも、自然も、空も、宇宙も、わたしたちの一部です。想像ではありませんよ――ある種の空想に耽って、自分は宇宙なのだと想像できても、それはただの変な人です。そうではなく、このちっぽけな自己中心的な関心を叩き壊して無に帰すなら、みなさんはそこから無限に動くことができるのです。

これが、瞑想です。足を組んだり、逆立ちしたり、そんな何かをすることではなく、完全な全体性を、生命の一体性を感じることです。そして、それは、愛と慈悲があるときにだけ、やってきます。

わたしたちにとって難しいことの一つは、わたしたちが愛を快楽やセックスと結び付けており、同時に、ほとんどの人たちにとって、愛は嫉妬や不安を、所有や執着を意味していることです。それが、わたしたちが愛と呼んでいるものです。愛は執着ですか？　愛は快楽ですか？　愛は欲望ですか？　愛は憎しみの対極ですか？　憎しみの対極なら、それは愛ではありません。あらゆる対極は、それ自身の対極を含んでいます。わたしが勇敢であろうと試みるとき、その勇気は、恐怖から生まれています。愛には対極はありません。嫉妬が、野心が、攻撃性があるところに、愛は存在し得ないのです。

そして、愛の質があるとき、そこから、慈悲が生まれます。その慈悲があるところには、英知があります――ただし、利己的な英知、あるいは思考の英知、膨大な知識の英知ではありません。

慈悲は、知識とは何の関係もありません。

慈悲があるところにのみ、人間に安心や安定を、広大な強さの感覚を与えてくれる英知が存在するのです。

意志の行動なしに生きる

瞑想とは、何かをすることではありません。瞑想は、わたしたちの生の問題全体への運動です。わたしたちは、どう生きるか、どうふるまうか、恐怖を、不安を、悲しみを抱いているのか、永遠に快楽を追求するのか、それから、わたしたちは、自分自身と他者について、イメージを作ってきたのか。これらすべてが、わたしたちの生の一部であり、生とその生にかかわるさまざまな課題を理解するなかで、そして、それらから実際に自由になって、わたしたちは瞑想を探究するのです。

わたしたちの家のなかには、完全な秩序を据え置かなければなりません。わたしたちの家とは、わたしたち自身です。その秩序は、あるパターンに従うのではなく、無秩序とは何か、混乱とは何か、なぜわたしたちは自らのなかに矛盾を抱え込んでいるのか、なぜ対極間の争いが常にあるのか、等々について完全な理解があるときに確立されます。ものごとをそれぞれの適切な場所に置く、それが、まさに瞑想の始まりです。それが――理論的にではなく、実際に日常生活のなかで、生の各瞬間に――なされていないなら、瞑想は、かたちの違う幻想、かたちの違う祈り、かたちの違う「何かへの欲求」になります。

瞑想の運動とは何でしょうか？　わたしたちは、感覚の重要性を理解しなければなりません。わたしたちのほとんどは、感覚の衝動、要求、主張に従って反応するか、行動しています。これらの感覚は、決して、全体として行為することはなく、わたしたちの感覚のすべては、決して、全体として健全に機能し作動することはありません。ご自身を観察して、ご自分の感覚を注視すれば、ある感覚か別の感覚が支配的になり、ある感覚か別の感覚が日常生活のなかでより大きな部分を占めていることがおわかりになるでしょう。ですから、感覚には、常に不均衡があります。

いま、わたしたちが見ていることは、瞑想の一つです。

感覚が全体として作動することは可能でしょうか？　海の動きを、輝く水を、いつまでも休むことのない水を見つめることは可能でしょうか？　これらの水を、すべての感覚とともに、完全に注視することは可能でしょうか？　あるいは、一本の木を、一人の人を、飛んでいる一羽の鳥を、水面を、沈む夕日を、のぼる月を、充分に目覚めているすべての感覚とともに観察し見つめることは、どうでしょう？　そうなされば、みなさんは、感覚がそこから動き出す中心などはないことを、わたしから聞くのではなく、ご自身で発見するはずです。

こうしてお話ししているとき、みなさんは、それをなさっていますか？

恋人を、あるいは夫を、妻を、木を、高度に活性化したすべての感覚とともに見つめてください。そのとき、そこには何の限界もありません。やってみれば、ご自分で見出されるでしょう。わたしたちのほとんどは、部分的な、あるいは特定の感覚が作動していて、充分に目覚めて開花しているすべての感覚とともに動くことは――生きることも――決してありません。感覚に正しい場所を与えることは、感覚を抑圧したり、コントロールしたり、感覚から逃げ出す、という意味ではありません。これは重要なことです。なぜなら、非常に深く瞑想に入って行きたいと願っても、感覚に気づいていなければ、感覚は別のかたちの神経症や幻想を創り出すからです。それらはわたしたちの感情を支配します。感覚が充分に目覚めて開花しているとき、身体はとてつもなく静かになります。このことに気がついたことがありますか？　わたしたちのほとんどは、静かに座れ、もじもじするな、動くな、と身体に強制します。ですが、もし、すべての感覚が健やかに、正常に、活き活きと機能していれば、身体はリラックスして、とてもとても静かになります。こうしてお話ししている、いま、やってみてください。

人生を――ときたまではなく、毎日を――どんなかたちのコントロールもなしに生きることは可能でしょうか？　これは、何でもやり放題だとか、したいことをするとか、伝統を拒絶する、という意味ではありません。どんなかたちのコントロールもなしに生きることは可能でしょうか？　どうか、真剣に検討してみてください。なぜなら、コントロールがあるときには、意志の行動があるからです。意志とは何でしょう？　「わたしはこれをしよう、わたしはあれをしてはならない」。意志とは、欲望の核心ではありませんか？　どうか、そこを見つめてください。拒絶したり受容したりせず、探究してください。わたしたちは問いかけています。コントロールの影のない人生を、意志の操作の影のない人生を生きることは可能でしょうか？　意志は、欲望の運動そのものです。知覚、接触、感覚から、欲望が生じ、イメージとともに思考が生じます。

意志の行動なしに生きることは可能でしょうか？　わたしたちのほとんどは、抑制、コントロール、抑圧、逃避の人生を生きていますが、「わたしは自分自身を、わたしの怒りを、嫉妬を、怠けを、怠惰をコントロールしなければならない」と言うとき、そのコントロールする者は誰なのでしょう？　コントロールする者はコントロールされるものとは別ですか？　それとも、両者は同じですか？　コントロールする者はコントロールされるものです。コントロールする者は欲望の核心であり、自分の活動、思考、望みをコントロールしようと試みています。そのすべてを自覚するなら、でたらめでない人生を――やりたいことをただやっているだけの人生ではない、それでいて、どんなかたちのコントロールもない人生を――生きられるのではないでしょうか？　この問題に取り組んだ人はごく少数です。わたしは、どんなシステムにも、どんなかたちのコントロールにも反対です。なぜなら、それでは、精神は決して自由ではないからです。いつでも、あるパターンに――そのパターンが他者によって作られたものであれ、自ら打ち立てたものであれ――自らを従属させることになるからです。

さて、時間は終わりに達し得るでしょうか？　どうか、これがなぜ重要なのかをわかってください。わたしたちの脳は、時間へと条件づけられています。わたしたちの脳は、百万年以上もの、有史以前からの何世紀も何世紀もの、条件づけの結果です。脳は進化し、成長し、開花してきましたが、にもかかわらず、とてもとても古い脳なのです。脳は、時間を通じて進化してきたように、時間のなかで機能します。「わたしはこうしよう」とみなさんが言うとき、それは時間のなかのことです。「これをしなければならない」と言うときも、やはり時間のなかです。わたしたちが行なうあらゆることに時間がかかわっていて、わたしたちの脳は、経時的な時間だけではなく、心理的な時間へと条件づけられています。数千年を通じて進化してきた脳ですが、時間を終わらせることが可能かどうか、という問いそのものが、その観念そのものが、脳を麻痺させるプロセスであり、それは、脳にとっては衝撃なのです。

瞑想の一つは、時間を止められるかどうかを自分自身で見出すことです。「時間を止めなければならない」と言ったところで、それはできません。そんなことは何の意味もありません。脳が自分に未来はないと自覚することは、可能でしょうか？　わたしたちは絶望か希望のなかで生きています。時間の一つは、希望という破壊的な性質です。「わたしは惨めだ、不幸だ、不確実だ。わたしは幸せになりたい」という希望。あるいは、世界中の僧職者たちの発明である信仰。「あなたは苦しんでいるが、神を信じれば、すべてうまくいきますよ」という信仰です。何かを信じることには、時間がかかわっています。みなさんは、心理的には明日はない、ということに我慢できますか？　心理的には明日はない、ということを見出すのは、瞑想の一つです。何かへの希望とそれを期待する快楽は、時間にかかわっています。これは、希望を捨てるという意味ではなく、時間の運動を理解することです。もし、希望を捨てるなら、みなさんは苦々しい思いになって、「なぜ、生きていなければならないんだ。生きる目的は何なのだ？」と言い出すでしょう。そして、そのときは、ありとあらゆるくだらない憂鬱や苦悶が、未来に何もなしに生きる人生が始まります。

わたしたちは、時間としての思考は止まり得るのか、と問いかけています。思考は、正しい場所でなら重要ですが、心理的には何の重要性もありません。思考は、記憶の反応であり、記憶から生まれます。記憶は、脳細胞に蓄積された知識としての経験です。みなさんはご自分の脳を注視できます。専門家である必要はありません。脳細胞は記憶を蓄えています。それは、物質的なプロセスであり、聖なるものでも、清らかなものでも、何でもありません。そして、思考は、わたしたちが行なってきたあらゆることを創造してきました。月へ行って馬鹿馬鹿しい旗を立てる。深海に降りて行ってそこで暮らす。すべての複雑な技術や機械。これらすべてに、思考は責任があります。思考は、すべての戦争にも責任があります。あまりにも明らかなことですから、いまさら問うまでもないでしょう。思考は世界を、イギリス、フランス、ロシア等々に分断してきました。そして、思考は「わたし（me）」という心理的構造を創り出しました。その「わたし」は、清らかなものでも、神聖なものでもありません。それは、不安、恐怖、快楽、悲しみ、苦痛、執着、死への恐怖を作り上げている、ただの思考でしかなく、思考が「わたし」を、つまりは意識を、作り上げたのです。意識とは、その中身です。みなさんの意識、それがみなさんです。みなさんの不安、恐怖、苦闘、気分、絶望、快楽、等々です。それは非常に単純です。そして、それは時間の結果です。わたしは、昨日、心理的に傷つけられた。あなたがわたしに何かひどいことを言って、それがわたしを傷つけ、わたしの意識の一部になった。ですから、意識は時間の結果です。時間は終わり得るかと問うとき、それは、この意識をその中身とともに全面的に空っぽにすることを意味しています。みなさんにそれができるかどうか、それはまた別の話ですが、そういう意味なのです。

わたしたちは時間を、そして意識の動かざる層を——感覚、欲望、その構造全体を——探究しています。時間の結果である意識は自らを完全に空っぽにできるか、そして心理的に時間を終わらせ得るかを見るためです。みなさんはご自分の意識に気づいています。そうではありませんか？みなさんは自分が何であるかを知っています。みなさんがそれについて充分に分け入ったなら、ですが。もし、分け入ったなら、すべての労苦、すべての苦闘、すべての惨めさ、不確実さが自分の一部であり、意識の一部であることがわかるでしょう。みなさんの野心、貪欲、攻撃性、怒り、苦々しさは、すべてはこの意識の一部であり、それらは一千もの昨日から今日へと積み上げられてきたのです。わたしたちは問いかけています。この意識が、生理的にも心理的にも時間の結果である意識が、自らを空っぽにできるでしょうか？　そして、時間を終わらせることができるでしょうか？

それが可能かどうか、見出してみましょう。それは不可能だと言えば、そのとき、みなさんはドアを閉ざしたのです。そして、可能だと言えば、やはりドアを閉ざしたのです。ですが、「見出してみよう」と言うのであれば、そのときは、それに対してオープンであり、見出すことに意欲的なのです。

そこに分け入って行くにあたり、充分に真剣であるなら、いまや、次の問題はこうなります。わたしたち自身の中身全体を、意識の中身を、時間を通じて築かれてきた、この意識を、全面的に空っぽにすることは可能でしょうか？　意識の中身の一つを――傷ついたこと、心理的な傷口を――終わらせることは、それは不可能ですか？　わたしたちのほとんどは、子ども時代から心理的に傷ついてきました。それは、みなさんの意識の一部です。その傷を完全に終わらせる、何の痕跡も残さず全面的に払拭することができますか？　できますよね、そうでしょう？　その傷に注意を向けるなら、その原因は何なのかがわかります。傷ついたのは、みなさんが自分自身についてもっているイメージです。そこに非常に深く分け入れば、傷ついたイメージを終わらせることができます。あるいは、誰かに、妻や夫に、または信念に、国に、派閥に、集団に、イエスに執着しているので、それを、論理的に、健全に、合理的に、完全に終わらせることはできないのでしょうか？　なぜなら、おわかりでしょうが、執着とは、嫉妬、不安、恐怖、苦痛を意味するからで、苦痛があると、ますますひどく執着するからです。執着の性質を見ることは、英知の開花です。その英知は、執着とは何と愚かなことかと見て、そして、それは終わります。

さて、さらに分け入ってみましょう。みなさんには、特定の心理的な習慣があります。言ってみれば、常に、ある方向のなかで考えるのです。それは、みなさんの意識の一部です。思考はその溝から、轍《わだち》から離れられるでしょうか？　もちろん、できます。中身を完全に空にすることは可能です。さて、一つの時間に一つのものごとを——執着、傷、不安、等々を——片づけていくのであれば、いつまでたっても終わりません。ですから、再び時間に囚われてしまいます。時間の関与なしに、部分ではなく全体を瞬時に空っぽにすることは可能でしょうか？　部分的に一つずつ片づけるとき、みなさんは、依然として時間に巻き込まれているのです。もし、みなさんが、その真理をほんとうに見るなら、そのときは、部分的に取り組むことを自然にやめるでしょう。

意識は、わたしのものではありません。それは、わたしの特定の意識ではなく、普遍的な意識です。わたしの意識は、みなさんの意識と、他の誰の意識とも、同じです。わたしたちは、ともに苦しんでいます。どちらも苦悶している、等々です。開花して、そこから離れ、超えて行った、ごく少数の人がいるかもしれません。ですが、それはここでは関係ありません。

ものごとを全体としてまるごと観察することは、そして、その全体性の観察そのもののなかでその終わりを見ることは、可能でしょうか？　みなさんの傷や不安や罪悪感を全面的に観察することは可能ですか？　わたしが罪悪感を抱いているとします。その罪悪感を見つめ、それがどのように生じて、何が理由なのか、どんなふうに恐れが増しているのかを、罪悪感の構造をまるごと見て、全体的に観察することはできるでしょうか？　もちろん、できます。ただし、それを全体的に観察できるのは、傷ついていることの、その性質に気づいているときだけです。その気づきのなかに、何の方向も動機も含まれていないなら、気づくことができます。

先へ進みましょう。わたしが何かに、あるいは誰かに執着しているとします。わたしは、執着の結果を、執着に何がかかわっているのかを、どのように執着が生じたのかを、観察できるでしょうか？　わたしは瞬時に、その性質全体を観察できるでしょうか？　わたしは、孤独だから、慰安がほしいから、独りではいられず誰かに依存したいから、仲間が必要だから、誰かに「きみは立派にやっているよ」と言ってもらう必要があるから、執着しています。わたしには手を取ってくれる誰かが必要です。わたしは落ち込み、不安です。それで、誰かに依存します。そして、その依存から執着が生じ、その執着から恐怖が、嫉妬が、不安が生じます。その性質全体を、瞬時に観察できるでしょうか？　もちろん、気づいているなら、見出すことに深い関心をもっているなら、観察できます。

わたしたちが言っているのは、意識の性質全体と構造と運動を、そのすべての中身とともに——少しずつ断片的に、ではなく——見ることができる、ということです。中身が意識を作り上げています。そして、それをまるごと見ることは可能です。まるごと見るとき、それは崩壊します。意識の性質全体への完全な洞察をもつことは、どんな動機ももたず、どんな思い出ももたず、意識の性質をただ瞬時に知覚することを意味しています。そして、その洞察そのものが問題を解決するのです。

わたしたちの技術的な発展は、その全体が測定をベースにしています。測定あってこその、技術の進歩であるはずです。知識は、測定のなかの運動です。わたしは知っている、わたしは知るはずだ。そのすべてが測定です。そして、その測定は心理的な分野に入り込んできました。ご自身を注視すれば、それがどんなふうに働いているかを、とても簡単に見ることができます。わたしたちはいつも、心理的に比較しています。いま、みなさんは比較をやめられますか？——それはまた、時間を終わらせることでもあるのです。測定とは、他者を基準に自分自身を測って、あのようになりたい、あるいは、なりたくない、と望むことを意味しています。比較することの肯定的な、あるいは否定的なプロセスは、測定の一部です。

どんな種類の比較なしに日常生活を送ることは可能でしょうか？　みなさんは二つのものを、

たとえば布地でしたら、ある色と別の色を比較します。ですが、心理的に、内面的に、比較から完全に自由になることはできますか？　それは、測定から自由になることを意味しています。測定とは、思考の運動です。では、思考は終わりに達し得るでしょうか？　ご存じかもしれませんが、わたしたちのほとんどは、考えることをやめようと試みますが、それは不可能です。一瞬、「わたしは考えるのをやめたぞ」と言うかもしれませんが、それは強制された押しつけであり、「わたしは考えていない瞬間を測定した」と言っているのと同じです。この問題に深く分け入った人たちはすべて、思考は終わりに達し得るのか、と問いかけてきました。思考は既知から生まれます。知識は既知であり、つまりは過去です。その思考は終わりに達し得るでしょうか？　既知からの自由はあり得るでしょうか？　わたしたちは常に既知をもとに機能していて、模倣と比較についてはとてつもなく有能になりました。わたしたちは絶え間なく何かを成し遂げようと奮闘努力します。では、思考は終わりに達し得るでしょうか？

わたしたちは測定について、コントロールについて、感覚とその正しい場所の重要性について話してきました。このすべてが、瞑想の一つです。

脳は、何百万年ものときを経ていて、とても重く条件づけられており、人間が何世紀にもわたって収集してきたあらゆるものが詰まっています。まさにこの、常時、機械的に行動している脳が、既知から自由になることは可能でしょうか？　そして、決して、決して、肉体的に老いないことは可能でしょうか？　ときおり、みなさんは、この脳がその重荷を捨てて自由になり、決して劣化しない、ということは可能だろうか、と問いかけたことはありませんか？　これは、何事も決して心理的に記録しないことを、お世辞や侮辱や押しつけや圧力を決して記録せず、記録テープを完全にまっさらにしておくことを意味しています。そのとき、脳は若いままです。無垢とは、決して傷つかない脳を意味します。無垢は、どんな惨めさも葛藤も悲しみも痛みも知りません。それらすべてが脳に記録されるとき、脳は常に限られており、肉体的に老いるにしたがって古くなります。ですが、心理的にどんな記録もなければ、脳はとてつもなく静かで、とてつもなくフレッシュになります。これは、希望ではなく、報償でもありません。実行して発見するか、あるいは、ただ言葉を受け入れて、「そうなったら、どんなに素晴らしいだろう。そんな体験をしたいな」と言うか、どちらかです。洞察によって、脳細胞は変化を遂げます。脳細胞はもう、記憶にしがみつきません。脳はもう、収集された膨大な遺物の保管場所ではないのです。

そこで、わたしたちは、さらに問わなければなりません。人生のなかに、何であれ、聖なるものがあるのでしょうか？　清らかなものが、思考が触れ得ないものが、何かあるのでしょうか？　わたしたちは、「清らかなもの」「聖なるもの」と称するものをシンボルとして教会に据えてきました——聖母マリア、十字架上のキリストです。インドにはインドの特別なイメージがあり、仏教国でも同じです。それらは聖なるものになりました。名前、影像、イメージ、シンボルです。

しかし、人生のなかに、何であれ、聖なるものがあるのでしょうか？　死がなく、時間がない、永遠から永遠へと続く、聖なる存在――始まりも終わりもない存在です。みなさんはそれを見出せません。誰も見出せないのです。思考が聖なるものとしたすべての事物をみなさんが投げ捨てたとき、それは現われるかもしれません。教会とその画像や音楽や信条や儀式、それらすべてが理解され、完全に投げ捨てられたとき、聖職者もグルも信者もまったくいなくなったとき、そのとてつもない沈黙の質のなかに、思考が触れ得ない何かが現われるかもしれません。なぜなら、その沈黙は、思考によって創造されたものではないからです。

沈黙の性質全体へと分け入って行かなければなりません。二つの雑音のあいだには沈黙があります。二つの思考のあいだには沈黙があります。音楽の二つの音のあいだには沈黙があります。雑音のあとには沈黙があります。思考が「わたしは沈黙しなければならない」と言って、人工的な沈黙を創り出し、それを本物の沈黙だと考える、そのような沈黙があります。静かに座って、精神を無理やり黙らせるときの沈黙があります。これらすべては、人工的な沈黙です。培われたものでもなく、前もって計画されたものでもない、ほんとうの、深い沈黙ではないのです。心理的に何の記録もないときにのみ、沈黙は現われることができます。そのとき、精神は、脳自身は、まったく動きません。まさにその、誘導されたものでもなく、培われたものでもなく、練習されたものでもない、沈黙の大いなる深さのなかに、測り得ない何かの、名前のない何かの、とてつもない感覚が現われるかもしれません。

この話の始まりから終わりまでの運動全体が、瞑想の一つです。

既知と未知との調和

精神は、自らが「究極のもの」「測り得ないもの」「名前のないもの」「最も崇高なもの」と呼ぶものを発見したかどうかを、それを、どうやって知り得るのでしょう？　精神が限りないものを、知り得ないもの、経験され得ないものを知ることは、まず不可能でしょうから、精神にできることは、あらゆるカテゴリーの苦痛、不安、恐怖から、そして、究極的には幻想を創り出す欲望から、それ自身を解放すること、それがすべてです。「わたし（me）」とそのイメージのすべては、あらゆる関係性を分断する中心、したがって葛藤をもたらす中心です。精神が他者との正しい関係性をもたらさないのであれば、リアリティを探究しよう、あるいは探し求めようと試みたところで、何の意味もありません。なぜなら、生は関係性だからです。生は関係性のなかの行為であり、それが深く充分に理解され確立されていないなら、みなさんは、はるか遠くまで行くことはできません。それがなければ、ただ探し求めても、関係性のリアリティからの逃避のかたちになります。精神が正しいふるまいのなかに、徳である秩序のなかに深く確立されるまでは、リアルなものへの探究や探し求めは無意味です。なぜなら、葛藤から自由でない精神にできることは、それがリアルだとみなすもののなかへ逃避することだけだからです。

精神――これほどに条件づけられ、わたしたちが生まれ出た文化や環境によって形作られている精神が、条件づけられていないものを、どうやって発見できるというのでしょう？　それ自身のなかで常に葛藤している精神が、決して葛藤したことのないものを、どうやって発見できるというのでしょう？　ですから、探究にあたっては、探し求めることは無意味です。意味がある、そして有意義なのは、精神が自由になり得るか、恐怖から自由に、しみったれた小さな自我的な苦闘のすべてから自由に、暴力等々から自由になり得るか、ということです。精神――みなさんの精神は、そのように自由になれますか？　それがほんとうの探究です。そして、精神がほんとうに自由であるとき、そのときこそは、どんな妄想もなしに、絶対的に真実であるもの、時間のない、測り得ないものがあるのかを（あるいは、ないのかを）問うことができるのです。

さて、それを自分自身で見出すことは、ほんとうに、きわめて重要です。なぜなら、みなさんは、自分自身の光でなくてはならないからです。その光を他者からもらうことも、あるいは、他者によって照らされることも不可能だからです。みなさんは自分自身で、この生の運動全体を、その醜さと美しさ、その快楽と惨めさと混乱のすべてとともに見出し、その流れから外へ踏み出さなくてはならないのです。そうなったら（そうなることを願いますが）、いったい、宗教とは何でしょう？　すべての組織化された宗教は、ある人物をめぐる伝説、ある観念や結論といった構造を築き上げている思考の産物です。それは、まったく宗教ではありません。宗教とは、一体的で全体的に生きられる生、断片化されない生なのです。

ほとんどの精神は壊され、断片化されており、断片化されたものは堕落します。それでは、知識の領域の世界で機能することができて、同時に、既知から自由に生きられる精神、脳とは何でしょうか？　これら二つは調和して進まなければならないのです。このことを深く探究しようとするとき、人は問いかけます。瞑想とは何なのか、と。そこに何らかの意味があるかどうかを、わたしたち自身で見出してみましょう。そのためには、あらゆる人が瞑想について言ってきたことを完全に投げ捨てる必要があります。みなさん、それができますか？　それとも、みなさんは、瞑想についての他の人々の観念の網に、罠に囚われているのでしょうか？　もし、囚われているなら、みなさんは、ただ自分を楽しませ慰めているか、あるいは、何らかの練習を通じて他者の光を発見しようと試みているだけです。練習するとき、みなさんは、他者が設定したパターンに精神を同調させています。誰にも――この話し手を含めて、誰にも――追従しないでください。誰かが言うことを受け入れないでください。なぜなら、みなさんは、自分自身の光でなければならないからです。完全に自分自身で立たなければならず、そうすることによって（なぜなら、みなさんは世界であり、世界はみなさんなのですから）、世界のものごとから自由でなければならず、それは、「わたし（me）」から、自我（ego）から、そして、その攻撃性、虚栄、愚かさ、野心のすべてから自由になることなのです。

それでは、瞑想とは何でしょうか？　どうすれば、それを見出せますか？　何かを非常にきわめて明晰に見るためには、精神が静かでなければならないことは明らかです。もし、わたしが言われていることを聞きたいと思うなら、わたしはそれに注意を向けるしかなく、その注意は沈黙の質をもっています。言葉の意味だけでなく、その先を見出すためには、とてもとても注意深く聞かなければならないのです。そのように聞いているときには、わたしは相手が言っていることを解釈せず、判断せず、評価せず、言葉と言葉の奥にあるものを実際に聞いています。そして、言葉は事物ではなく、記述は記述されるものではないことも知っています。ですから、わたしは、全的な注意とともに、相手の言うことを聞いています。その注意のなかには、聞き手としての「わたし」、話している相手から自分自身を分離する「わたし」、つまり、「わたし」と「あなた」を分断するものはありません。ですから、言われていることを完全に聞いて、言葉を超えて行くことができる精神は、全的な注意を向けなくてはならないのです。全的な注意とともに樹木を見ているとき、あるいは音楽を聴いているとき、何かとてもせっぱつまった真剣なことを言っている相手の話を聞いているとき、みなさんはそうしています。「わたし」が全面的に不在である注意の状態、それが瞑想です。なぜなら、その状態のなかに、方向はまったくなく、思考が注意の周囲に築いた周縁もまったくないからです。

注意とは、獲得しよう、到達しよう、行き着こう、あるいは、何かになろうという欲望がまったくない精神を意味します。そうでないと、葛藤が現われるのです。ですから、注意とは、あらゆる葛藤の全面的な不在、方向も意志もまったく居場所のない精神状態のことです。それは、わたしが相手の言うことを聞いているとき、小鳥のさえずりを聞いているとき、あるいは、すばらしい山々を見ているときに起こります。ですから、その注意の状態には、観察者と観察されるものとの分断はありません。その分断があるとき、そこには葛藤があります。

さて、これは、瞑想のほんの始まりです。そして、もし、精神が、その探究にほんとうに真剣であるなら、この瞑想が必要です。なぜなら、そのときには、わたしたちの生き方、すべての意味を失ってしまった生き方が、意味あるものになるからです。生は運動に、既知と未知との調和になります。

瞑想とは、コントロールがいっさいない日常生活です。わたしたちの生は、コントロールするなかで膨大なエネルギーが雲散霧消するために浪費されています。わたしたちはコントロールすることで日々を過ごしています。「わたしはしなければならない」「わたしはしてはならない」「わたしはすべきである」「わたしはすべきではない」。抑制し、拡大し、握り締め、手を引き、執着し、執着と決別しては、達成するため、苦闘するため、構築するために、意志を訓練します――このなかには、常に方向があり、方向があるところには、必ずコントロールがあります。わたしたちは日々をコントロールのなかで過ごしていて、コントロールから完全に自由な生をどう生きるのかを知りません。それにはとてつもない探究が、コントロールの影のない生き方を見出すための大いなる真剣さが求められます。

そもそも、なぜ、わたしたちはコントロールするのでしょう？　コントロールしているとき、コントロールしている者は誰なのでしょうか？　そして、彼は何をコントロールしている——つまり、自制し、指揮し、形作り、同調し、模倣しているのでしょうか？　人は、自らのなかに、矛盾する欲望を観察します。欲しいと欲しくない、あれをするとしない、二元性の対極です。さて、そもそも、二元性が、対極があるのでしょうか？　わたしは、男女、明暗というような対極について言っているのではありません。そうではなく、内面的に、心理的に、そもそも、対極があるのでしょうか？　それとも、「あるがまま（what is）」だけなのでしょうか？　対極が存在するのは、「あるがまま」をどうすればいいか知らないときだけです。もし、わたしが「あるがまま」をどうすればいいか知っているなら、もし、精神が「あるがまま」に対処する能力をもち、それを超えて行くことができるなら、対極は必要ありません。つまり、もし、みなさんがほとんどの人々と同じように暴力的であるなら、その対極である非暴力の練習は何の意味もありません。なぜなら、時間にはインターバルがあり、そのインターバルのあいだ、みなさんは暴力的だからです。意味があるのは、暴力を超えて行こうとすることであり、その対極に向かうことではなく、それから自由になることです。わたしは常に古い観点から新しいものを翻訳します。したがって、新鮮な精神とともに新しいものに出会うことは決してありません。わたしは新しい反応を、自分の新しい感情を、暴力として翻訳します。なぜなら、観念とともに、結論とともに、言葉とともに、過去の意味とともに、それを見つめているからです。ですから、過去が「あるがまま」の対極を創り出します。ですが、もし、精神が名づけることなしに、分類することなしに、枠組みにあてはめることなしに、あるいは、そこから逃げようとしてエネルギーを浪費することなしに、「あるがまま」を観察できれば、過去である観察者なしに見つめることができれば、過去の目なしに見つめることができれば、そのとき、みなさんは、それから全面的に自由なのです。どうか、実行してください。そうすれば、おわかりになるでしょう。

みなさんは、自分自身のなかに、常に観察者と観察されるものがあることに気がついていますか？　ものごとを見つめている「あなた」がいます。そこで、あなたと、あなたが観察するものごとのあいだには、分断があります。あなたは木を観察します。そして、過去である観察者が言います。「あれは樫の木だ」。それが「あれは樫の木だ」と言うとき、その知識は過去です。そして、その過去は観察者です。ですから、観察者は木とは別物です。明らかにそうですよね。しかし、心理的な事実の場合、観察者は観察されるものと別でしょうか？　「わたしは暴力的だ」とわたしが言うとき、観察者、つまり「わたしは暴力的だ」と言う者、見ている者は、暴力的と呼ばれるものとは別なのでしょうか？　明らかにそうではありません。ですから、それがそれ自身を観察者として事実から切り離すとき、二元性と葛藤を創り出します。そして、さまざまな手段を通じて、その葛藤から逃げようと試みます。ですから、観察者は、暴力の事実に直面することができないのです。葛藤を創り出し、それゆえに他者との直接の関係性をもつことができない、この、観察者と観察されるものの分断の運動を、なんとか頑張って理解するべきなのです。

瞑想においては、生は全的な運動であって、断片ではなく、「わたし（me)」と「あなた（you)」に割れてばらばらということはありません。そこには、経験する「わたし」はありません。おわかりでしょうか？　精神は、自分が知らない何かを経験することはできません。精神が測り得ないものを経験するのは、まずもって不可能です。その言葉を重要視して、「その測り得ないものを、より高い意識を、そして、それに関連するすべてを、その状態を経験するのだ」と言うことはできますが、その経験する者とは、何なのでしょう？　その経験する者とは、過去です。そして、彼は、過去という観点から経験を認知できるだけなので、したがって、それをすでに知っていなければならないのです。したがって、瞑想においては、何の経験もありません。ああ、このことを実行なされば、みなさんは最高の天国に昇ることでしょう。

みなさんは、この、日常生活の運動全体を――それは、瞑想の一つであり、そこにおいては、何のコントロールもいっさいなく、したがって、葛藤も方向もないのですが――その運動全体を理解しなければならず、それだけではなく、限りなくエネルギッシュで、活動的で、リアルで、創造的な生を生きるべきなのです。瞑想においては、精神は完全に静かになり、沈黙します。おわかりでしょうか。沈黙は、空間です――そして、精神には、空間はないのです。精神は、これまで獲得してきた知識であまりに混み合っており、いつまでも占拠されています――しなければならないこと、してはならないこと、達成しなければならないこと、獲得しなければならないこと、他者が考えていることで占拠されているのです。他の人々の知識で、結論や観念や見解でいっぱいなのです。ですから、わたしたちの精神には、ほとんど空間がありません。そして、暴力の要素の一つは、空間がないことです。わたしたちは、自分自身のなかに、ほとんど空間をもっていません。ですが、人は、空間をもたねばなりません。思考の発明ではない空間と出会うこと、それは、瞑想の一つです。なぜなら、空間があるとき、精神は全面的に機能できるからです。脳は、それが完全に秩序――絶対的な秩序であって、相対的な秩序ではありません――のなかにあるなら、葛藤はなく、したがって、空間のなかを動くことができます。

沈黙は、ほんとうに、最高の秩序の極限のかたちです。ですから、沈黙は、みなさんが考案したり、練習しようと試みたり、気づこうと試みたりするものではありません。自分が沈黙していると気づく瞬間、それは、沈黙ではありません。沈黙は、最高の数学的な秩序であり、その沈黙のなかで、脳の他の部分が、これまで未占拠で未活動の他の部分が、全面的に活動し始めます。

葛藤のなかにいない、その脳には、大いなる空間が、思考によって空間として創り出されたものではない、実際の意味での空間があり、その空間には、境界がありません。そのなかに、思考の居場所はまったくありません。このことを記述しているとき、わたしたちは思考を援用し、思考がコミュニケーションに使う言葉を用いていますが、記述は記述されるものではありません。そこで、精神と脳は全面的に沈黙し、したがって、最高に秩序だっています。秩序があるところには、広大な空間があります。

その広大な空間に何があるのか、誰もみなさんに語ることはできません。なぜなら、それは、絶対的に記述し得ないからです。誰かが——誰であっても——それを記述するなら、あるいは、言葉を反復して唱えるといったあらゆる種類の愚かで無意味なことを通じて達成しようとするなら、その人は、清らかなものである何かを、聖なるものを汚しているのです。

これが、瞑想です。そして、これは、日常生活の一部であり、ときおり行なう何かではなく、いつでもそこにあるもの、あらゆる行ないに秩序をもたらすものです。そして、そのなかには、大いなる美があります。丘や木々や美術館におさめられた絵画や音楽のなかにある美ではありません。なぜなら、それこそが美そのものであり、したがって、愛だからです。

聖なる生

自己（self）の活動があるところでは、瞑想は不可能です。このことを言葉としてではなく、実際に理解することは、とても大切です。瞑想は、精神から自己のすべての活動を、「わたし（me）」のすべての活動を、空っぽにするプロセスです。自己の活動を理解していなければ、みなさんが瞑想したところで、幻想や自己欺瞞につながるだけであり、さらなる歪曲につながるだけでしょう。ですから、瞑想とは何かを理解するためには、自己の活動を理解しなければなりません。

自己は、世俗の経験として、一千もの感覚的な経験を（あるいは、知的な経験を）有していますが、しかし、それらの経験に飽きています。なぜなら、それらには何の意味もないからです。もっと広い、拡大する、超越的な経験をしたいという欲望は、「わたし」の、自己の、一部です。そのような経験あるいはビジョンをもつとき、みなさんはきっと、その経験あるいはビジョンを認知できるでしょうが、認知できるときには、それらは新しくはなく、みなさんの背景や条件づけの投影であって、そのなかで、精神は、それが何か新しいものであるかのように喜びを感じます。どうか同意せず、その真理を見てください。そうすれば、それは、みなさんのものになります。

精神の、自己の、欲求、衝動、欲望の一つは、「あるがまま」を「あるべき」に変えることです。それは、「あるがまま」をどうすればいいか知りません。なぜなら、「あるがまま」を解決できないからです。それで、「あるべき」という観念を、つまりは理想を投影します。この投影は「あるがまま」のアンチテーゼで、したがって、そこには「あるがまま」と「あるべき」の葛藤があります。この葛藤こそが、自己の血液でもあれば呼吸なのです。

自己のもう一つの活動は、意志――なりたいという意志、変えたいという意志です。意志は、抵抗の一つのかたちです。わたしたちは、そのなかで子ども時代から教育されてきました。意志は、わたしたちにとって、経済的、社会的、宗教的に、とてつもなく重要なものとなっています。意志は、野心の一つのかたちです。意志から、コントロールしようという――ある思考によって別の思考を、ある思考の活動によって別の思考の活動をコントロールしようという――欲望が生じます。「わたしは、欲望をコントロールしなければならない」というように。その「わたし（I）」は、思考によって、言葉による言明によって、記憶や経験をともなう「わたし（me）」として作り上げられ、その思考は、他の思考をコントロールしたり、形作ったり、否定したがっています。

自己の活動の一つは、それ自身を「わたし」として、観察者として切り離すことです。この観察者は過去であり、蓄積された知識や経験や記憶のすべてです。こうして、その「わたし（I）（me）」は、それ自身を観察者として、「あなた（you）」から、つまりは観察されるものから切り離します。「わたしたち（we）」と「彼ら（they）」です。わたしたちはドイツ人だ、共産主義者だ、カトリックだ、ヒンドゥー教徒だ、異教徒だ、等々と。自己の活動が――観察者としての「わたし（me）」、コントロールする者としての「わたし」、意志としての「わたし」、経験を要求し欲求する自己が――存在する限り、瞑想は、日常生活からの逃避に、あらゆる惨めさと問題からの逃避に、自己催眠の手段になります。これらの活動が存在する限り、必ずごまかしがあります。瞑想について探究している人、何が起こるか見てみたいと願う人は、自己の活動のすべてを理解しなければならない、という、そのリアリティを見てください。それも、言葉としてではなく、実際に見てください。

瞑想とは、精神から自己の活動を空っぽにすることです。そして、どんな練習（practice）によっても、どんな方法（method）によっても、あるいは「どうすればいいか、教えてください」と言うことによっても、自己の活動を空っぽにすることはできません。ですから、ほんとうにこのことに興味がおありなら、ご自分の自己の活動を――習慣、言葉による言明、しぐさ、ごまかし、捨てる代わりに何か貴重なものであるかのようにしがみついて培ってきた罪悪感、そして懲罰を――自己のすべての活動を、自分自身で見出さなければなりません。そして、それには気づきが求められます。

さて、気づきとは何でしょうか？　気づきとは、そこに何の選択もない観察を意味します。解釈も翻訳も歪曲もなしに、ただ観察するのです。そして、それは、気づこうと試みている観察者がいる限り、起こりません。みなさんは、その注意のなかには観察だけがあって、観察者がいないようなやり方で気づいていることが、注意深くあることができますか？

さて、お聞きください。みなさんは、ある言明を読みました。気づきとは、選択する観察者がいない精神の状態である、と。この言明を、みなさんは聞いています。みなさんは即座に、練習したい、実行したい、と思います。そして、「わたしは何をしたらいいのか？　どうやって、観察者なしに気づくのか？」と言います。みなさんは即座の活動を望みますが、それは、みなさんがさっきの言明をほんとうには聞いていなかったことを意味しているのです。みなさんは、さっきの言明に耳を傾けることよりも、それを実行することのほうに大きな関心があるのです。それは、花を見て、香りをかぐようなものです。花はそこにあります。その美しさ、色合い、愛らしさ。みなさんはその花を見て、手折り、ばらばらにむしり始めます。そして、気づきのなか、注意のなかには観察者はいない、観察者がいるなら、選択の問題が起こり、葛藤がある、という言明を聞くときにも、同じことをしているのです。みなさんがその言明を聞いたとき、精神の即座の反応はこうです。「わたしはどうすればいいのか？」。ですから、みなさんは、その言明に実際に耳を傾けることよりも、それについて何をすべきかという行動のほうに大きな関心があるのです。それに完全に耳を傾けるなら、そのとき、みなさんはその香りを、その真理を呼吸しています。

そして、正しい行動をしようと苦闘している「わたし（me）」ではなく、その香りが、その真理が行動するのです。おわかりになりましたか？

そこで、瞑想の美しさと深さを見出すためには、自己の活動を探究しなければなりません。自己の活動は、時間が作り上げたものです。ですから、みなさんは、時間を理解しなければならないのです。

どうか、このことに耳を傾けてください。聞く――それについて何かをするのではなく、ただ聞くのです。それが虚偽か、真実かを見出してください。ただ観察してください。獣のようなちっぽけな精神ではなく、心で聞いてください。

時間は、物理的な、そして心理的な運動です。物理的には、ここからあそこへ移動するのに時間がかかります。心理的には、時間の運動とは「あるがまま」を「あるべき」に変えることです。ですから、思考、つまり時間は、決して静止できません。なぜなら、思考は運動であり、この運動は自己の一部だからです。わたしたちは、思考は時間の運動である、と言っています。時間の運動です。なぜなら、それは、知識や経験や記憶の応答であり、それは時間だからです。思考はですから、思考は決して静止できないのです。思考は決して新しくはありません。思考は決して自由をもたらし得ないのです。

人が、そのすべての活動――野心、満足の追求――のなかで、関係性のなかで自己の運動に気づいているとき、そこから、完全に静止した「精神」が生まれます。思考が静止するのではありません――違いがおわかりになりますか？　たいていの人は、思考をコントロールしようとします。それによって、精神が静かになることを期待しているのです。精神をほんとうに静かにさせられると思って、思考のコントロールを試みながら何年も練習してきた人々を、わたしは何十人も見てきました。ですが、その人たちは、思考が運動であることを見ません。みなさんはその運動を、観察者と観察されるものに、あるいは、思考する者と思考に、コントロールする者とコントロールされるものに分断するかもしれません。ですが、それは、依然として運動なのです。そして、思考は決して静止できません。静止すれば死んでしまうので、したがって、静止するわけにはいかないのです。

このすべてに、自分自身のなかに深く分け入ったなら、そのとき、みなさんは、精神が完全に静止するのを見るでしょう――それは、強制されるのでも、コントロールされるのでも、催眠術をかけられるのでもありません。そして、精神は静止しなければならないのです。なぜなら、その静止状態のなかでだけ、まったく新しい、認知できないものが起こり得るからです。さまざまな術策や練習、ショックを通じて、無理やり精神を静止させるなら、それは、思考と格闘し、思考をコントロールし、思考を抑圧した精神の静止状態です。それは、自己の活動を見た精神、時間としての思考の運動を見た精神とはまったく別物です。その運動のすべてへの注意そのものが、完全に静止した精神の質をもたらし、そのなかで、何かまったく新しいものが起こり得るのです。

瞑想とは、精神から自己のすべての活動を空っぽにすることです。では、それには時間がかかるでしょうか？　空っぽにする……いや、「空っぽにする（emptying）」という言葉は使わないことにしましょう。みなさんが怖がるでしょうから。この自己のプロセスは、時間を通じて、日々を、年月を通じて、終わりに達し得るのでしょうか？　それとも、瞬時に終わるのでしょうか？　それは可能ですか？　このすべてが、瞑想の一つです。みなさんがご自分に「わたしは徐々に自己を始末しよう」と言うとき、それは、みなさんの条件づけの一つです。みなさんはそのあいだ、ご自分を楽しんでいるのです。「徐々に（gradually）」という言葉を使うとき、そこには時間が、ある期間がかかわっていて、その期間のあいだ、みなさんはご自分を楽しみます――みなさんが大切にして抱え込んでいる、あらゆる快楽、あらゆる罪悪感、それから、これもまた生きているという確かな感覚を与えてくれる不安です。そして、それらのすべてから自由になるために、みなさんは言います。「それには時間がかかるだろう」と。それは、わたしたちの文化の一つであり、進化の条件づけの一つです。さて、自己の活動に心理的に終止符を打つのに、時間がかかるでしょうか？　それとも、時間などまったくかからず、むしろ、すべてを瞬時に片づけてしまう、新しい種類のエネルギーの解放があるのでしょうか？

精神は「自己の活動を解体するには時間が必要だ」という話のインチキさを実際に見ているで

しょうか？　わたしはそのインチキさを明確に見ているでしょうか？　あるいは、「なんとなくおかしいな」と知的に見て、それをそのまま続けるのでしょうか！　もし、わたしがそのインチキさを実際に見るなら、それは消えているはずです。そうではありませんか？　時間はまったくかかわっていません。時間が必要なのは、分析があるときだけ、「わたし（me）」を構成しているばらばらの破片を調査したり検査したりするときだけです。思考というこの運動の全体を見るとき、そこには何の妥当性もありません。ですが、人はそれを不可避のものとして受け入れてきました。そして、精神がそのインチキさを見るとき、それは終わります。みなさんはバランスを崩し正気を失っていない限り、断崖の縁《ふち》に近づきすぎることはないでしょう。正気を失っているときは近づくでしょうが、もし、正気で健全なら、そこから離れて、近づきはしません。そこから離れる運動には、時間はかかりません。それは、瞬時の行動です。なぜなら、落ちたらどうなるか、わかっているからです。それと同じで、思考や分析の、あるいは時間の受容等々の、それらの運動すべてのインチキさを見るなら、そのときは、「わたし」がそれ自身を終わらせる、瞬時の思考の行動があるのです。

　ですから、宗教的な生とは瞑想の生であり、そこには自己の活動はありません。そして、この世界で日々、そのような生を生きることは可能です。つまり、その生においては、常に敏捷さがあり、注視と気づきがあり、自己の運動を注視している注意深い精神がある、そのような生を、人は人間として生きることができるのです。そして、その注視とは、沈黙からの注視であり、結論からのものではありません。なぜなら、精神は、自己の活動を観察してきて、そのインチキさを見るので、したがって、とてつもなく鋭敏になり、沈黙しているからです。その沈黙から、行動するのです。日々の生のなかで。

おわかりになったでしょうか？　わたしたちはこのことを分かち合ってきましたか？　なぜなら、それは、わたしの生ではなく、みなさんの生だからです。悲しみと悲劇と混乱と罪悪感と報償と懲罰の、みなさんの生です。そのすべてが、みなさんの生です。もし、みなさんが真剣なら、このすべてのもつれをほどいて解決しようとするでしょう。みなさんは本を読み、教師に従い、誰かの言葉を聞いたりしてきました。ですが、問題は残ったままです。人間の精神が自己の活動の領域のなかで動いている限り、これらの問題は存在し続けるでしょう。自己の活動は、さらに、さらに、多くの問題を創り出し続けるに違いありません。みなさんが観察するとき、この自己の活動へのとてつもない気づきがあるとき、そのときには、精神はとてつもなく静かになり、正気で、健全で、清らかなものになります。そして、その沈黙から、わたしたちの生は、日々の活動のなか、変容します。

宗教とは、「わたし」の停止であり、その沈黙から生まれる行動です。意味に満ちた聖なる生とは、その生のことなのです。

静かな精神から観察する

　愛とは何か、それを発見するには、所有や執着から——嫉妬、怒り、憎悪から、不安や恐怖から——自由でなければならないのではありませんか？　執着からの自由——まず、それを取り上げましょう。みなさんが執着しているとき、何に執着しているのでしょう？　テーブルに執着しているとしましょうか。その執着は何を意味しているのでしょう？　快楽、所有の感覚、効用に対する評価、素晴らしいテーブルだという気持ち、等々です。人間が他の人に執着しているとき、何が起こっているのでしょう？　誰かがあなたに執着しているとき、あなたに執着している人の気持ちとは何なのでしょう？　その執着のなかには、所有している誇り、支配している感覚、相手を失う恐怖があり、それゆえに、嫉妬があり、したがって、より大きな執着と所有欲があり、不安があります。さて、執着がまったくないとしたら、それは、愛がないこと、責任がないことを意味しますか？　わたしたちの大部分にとって、愛とは、この、人間同士の恐ろしい葛藤を意味しています。そのため、関係性は、未来永劫、不安になります。言うまでもなく、みなさんはこのすべてをご存じです。それを、わたしたちは愛と呼ぶのです。そして、この、愛と呼ぶ恐ろしいストレスから逃げるために、あらゆる種類の——テレビから宗教まで——娯楽があるのです。わたしたちは喧嘩をして、教会に（あるいは、お寺に）行き、戻ってきて、また始めます。こんなことがいつでも続いているのです。

男性あるいは女性は、このすべてから自由になれるでしょうか？　あるいは、それは不可能なのでしょうか？　もし、不可能なら、わたしたちの人生は、未来永劫、不安な状態のままとなり、そこから、ありとあらゆる種類の神経症的な態度や信念や行動が生じます。執着から自由になることは可能でしょうか？　それは、とても大きな意味をもっています。人間が執着から自由になり、それでいて責任を感じることは可能ですか？

ところで、執着から自由になることは、その対極としての無執着（detachment）を意味するのではありません。このことを理解するのが、とても大切です。執着しているとき、わたしたちは執着の苦痛を知り、その不安を知り、そして言います。「どうにかして、この恐ろしいすべてから自分を切り離して、無執着でいなければならない」と。そこで、無執着でいるための闘いが、葛藤が始まります。この言葉と事実に——「執着（attachment）」という言葉と、この言葉からの自由に、すなわち、その気持ちに——気づくなら、みなさんは何の判断もなしに、その気持ちを観察します。すると、その全面的な観察から、まったく違った運動が、執着でもなく無執着でもないものが生じることがおわかりになるでしょう。こうしてお話ししている、いま、それを実行なさっていますか？　あるいは、多くの言葉をただ聞いているだけですか？　みなさんは、ご自分が家に、信念に、偏見に、結論に、ある人物に、何らかの理想に、とてつもなく執着していることを知っています。執着は大きな安心を与えてくれるのですが、それは幻想です。そうではありませんか？　何かに執着しているなら、それは幻想です。なぜなら、その何かは消えてしまうかもしれないからです。ですから、みなさんが執着しているのは、その何かについて、みなさんが作り上げたイメージなのです。では、みなさんが執着から自由になり、そして、そこには義務ではない責任がある、ということは可能でしょうか？

さて、執着がないときの愛とは何でしょう？　国民性（nationality）に執着して、国民性の純潔を崇拝しているなら、それは、美化された部族主義です。すると、どうなるでしょう？　分離します。そうではありませんか？　わたしがインドという自分の国民性〔国籍〕にとてつもなく執着していたら、そして、みなさんがドイツやフランスに、イタリアやイギリスに執着していたら、わたしたちは分離します――そして、戦争やあらゆる複雑なことが進行します。さて、みなさんに何の執着もないなら、何が起こるでしょうか？　それは、愛ですか？

このように、執着は分離します。わたしは、わたしの信念に執着する。みなさんは、みなさんの信念に執着する。したがって、そこには分離があります。とにかく、その結果を、それが意味することを見てください。執着があるところには分離があり、したがって、葛藤があります。葛藤があるところには、愛の可能性はありません。では、執着からの自由が、そして、その意味するすべてがあるとき、ある人物と他の人物との関係性はどうなるでしょうか？　それは、始まり――いま、「始まり（beginning）」という言葉を使いましたが、そこに飛びつかないでください――それは、慈悲の始まりではありませんか？　国民性がなく、どんな信念への、あるいは結論や理想への執着もないとき、その人は自由な人間としてあり、他者との関係性は自由から、愛から、慈悲から生まれているのです。

おわかりでしょうか。このすべては、気づきの一つです。さて、執着が何を意味するかを、そして、その意味するすべてを見るためには、いままでしてきたような分析をしなければならないのでしょうか？　それとも、その全体性を瞬時に観察して、そのあとで分析することが可能なのでしょうか？　この逆ではありませんよ。わたしたちは分析に慣れています。教育の一つは分析です。わたしたちは長い時間を分析して過ごしてきました。ここで、わたしたちはまったく違ったことを提案しています。観察して、全体性を見る、そして、そのあとで分析する。そうすると、非常にシンプルになります。そうではなく、分析して、それから全体性に達しようと試みるなら、みなさんは間違うかもしれません（みなさんのお決まりのコースです）。ですが、何かの全体性を観察することは、それは、方向がない、ということであり、そのあとでは、分析は重要であったり、重要でなくなったりします。みなさんは分析することも、しないこともできるのです。

さて、ここから別のところに進みたいと思います。人生には何か聖なるものが、これらすべての部分であるものが存在するでしょうか？　みなさんの人生には何か聖なるものが、清らかなものがありますか？　言葉を取り除き、言葉から、イメージから、シンボルから――これらは非常に危険です――離れてください。それから、自問してください。「わたしの人生には、ほんとうに聖なるものがあるだろうか？　あるいは、すべてが表面的で、すべてが思考によるでっちあげではないのか？」と。思考は、聖なるものではありません。そうですね？　思考と思考が作り上げたものを、みなさんは聖なるものとお思いになりますか？　わたしたちはそのように条件づけられてきました。ヒンドゥー教徒、仏教徒、キリスト教徒として、わたしたちは思考が作り上げたものを崇拝し、賛美し、祈るように条件づけられています。そして、それを聖なるものと呼んでいるのです。

人は、思考が作り上げたものではない、ほんとうに聖なる何かがあるかどうかを見出す必要があります。なぜなら、それを見出さないと、人生はもっともっと表面的に、もっともっと機械的になり、人生の終わりはまったく無意味になるからです。おわかりでしょうが、わたしたちは、思考することに――そのプロセスの全体に――あまりにも執着し、思考が作り上げたものを崇拝します。イメージ、シンボル、像、手が作ったものであれ、精神が作ったものであれ、どれも思考のプロセスです。そして、思考とは、記憶、経験、知識、つまりは過去です。そして、過去は伝統になり、伝統は最も聖なるものになります。ですから、わたしたちは伝統を崇拝するのではありませんか？ 思考に、そして伝統に、儀式やその大騒ぎのすべてに、いっさいかかわりないものがありますか？ それを見出す必要があるのです。

どのように、見出すのでしょう？ 方法（method）ではありません。わたしが「どのように（how）」と言うのは、方法のことを指しているのではありません。人生に、何か聖なるものがあるでしょうか？ 人類のなかには、次のように言う人たちの陣営があります。「絶対にない。あなたたちは環境の結果であり、そして、環境は変えられる。だから、聖なるものについては、何であれ、決して言わないことだ。そうすれば、あなたがたは機械的で、幸せな個人になるだろう」。ですが、もし、人が、この問題にとことん真剣であるなら――そして、人は、ほんとうに深く真剣でなければなりません――みなさんは、唯物論者の陣営にも、あるいは、宗教的な陣営にも（こちらも思考をベースにしています）、そのどちらにも属しません。そのときは、みなさんが見出すしかありません。みなさんは、何も主張しません。そして、探究し始めます。

では、自分自身のなかへと探究して行き、人の人生のなかに――ある人の人生ではなく、人生のなか、生きることのなかに――何か、深く、聖なるものが、清らかなものがあるかどうかを見出すことに、どのような意味があるのでしょう？ 何か、最高に素晴らしく聖なるものがあるのでしょうか？ あるいは、まったく何もないのでしょうか？

非常に静かな精神をもつことが必要です。なぜなら、その自由のなかでだけ、みなさんは見出すことができるからです。見つめる自由が必要です。ですが、「いや、わたしは自分の信念が好きだ、これからもこだわり続けよう」と言うなら、みなさんは自由ではないのです。あるいは、「すべては物質だ」と言うなら、これも思考の運動ですが、やはり、自由ではありません。ですから、観察するためには、文明の押しつけや個人的な欲望、希望、偏見、憧れ、恐怖から自由でなければならないのです。みなさんが観察できるのは、精神が完全に静止しているときだけです。精神は、完全に運動なしでいられるでしょうか？　なぜなら、運動があると、歪曲があるからです。人は、それが恐ろしく困難であることを発見します。なぜなら、即座に思考が介入するからです。その人は、こう言います。「わたしは思考をコントロールしなくてはならない」と。しかし、コントロールする者はコントロールされるものです。みなさんがこのことを見るとき――思考する者は思考であり、コントロールする者はコントロールされるものであり、観察者は観察されるものである、という、このことを見るとき――そのときは、何の運動もありません。人は、怒りが、「わたしは怒った」と言う観察者の一部であることを自覚します。ですから、怒りと観察者は同じです。これは明確な、シンプルなことです。同じように、思考をコントロールしたがる思考者は、やはり思考です。このことを自覚すれば、思考の運動は止まります。

精神のなかにどんな種類の運動もないとき、精神は自然に静止します。努力もなく、強迫もなく、意志もなく、自然に静止します。培われた静止ではありません。なぜなら、培われた静止は機械的であり、それは静止ではなく、静止の幻想にすぎないからです。そのとき、自由がありま す。自由とは、わたしたちがいままで話してきたことすべてを意味します。そして、その自由のなかには、沈黙があります。つまり、何の運動もないのです。そのとき、みなさんは観察できます。そのときは、観察があります。そのときは、ただ観察があります――観察者が観察しているのではありません。そこには、全的な沈黙からの観察だけがあり、精神の完全な静止があります。するとと、何が起こるでしょう?

みなさんがそのはるかなところに達したなら――それは、自らの条件づけからの自由であり、したがって、いっさいの運動のない、完全な沈黙、静止であり――そのとき、そこには英知の働きがあります。そうではありませんか? 執着の性質とそれが意味するすべてを見ること、そして、そのことに洞察をもつこと、それが英知です。みなさんがそこに至ったときにのみ、つまり自由になったときに、それとともに英知が働いて、みなさんは、静かで健全で正気の精神をもつことになります。そして、その静かさのなかに、みなさんは見出すでしょう。ほんとうに聖なるものが、そのような何かがあるのか、あるいは、まったく何もないのかを。

悟りは決まった場所ではない

わたしたちは、宗教と日常生活との関係を——それから、名づけ得ない何か、時間のない精神の状態があるのか、あるいは、ないのかを——検討しなければなりません。それは、悟り(enlightenment)、絶対の真理の自覚と呼ぶことができます。人間の精神が思考とともに作り上げたものではない何か、不朽のものである何かに——生に香りと美と愛を与えるであろう何か、存在してしかるべきはずの何かに——人間の精神は出会えたことがあるのでしょうか?

歴史を通じて観察すれば、人は、じつにさまざまな多くの道を通じて、普通の暮らしを超えた何かを、この世界を超えた何かを探し求めてきました。そして、人はあらゆることを——それが可能であるなら——行なってきました。断食し、苦行し、あらゆる神経症的なふるまいに専念し、伝説や英雄を崇拝し、「わたしは道を知っている、ついてきなさい」と言う他者の権威を受け入れてきたのです。西洋であろうと、東洋であろうと、人は、この問題を常に探究してきました。知識人、哲学者、心理学者、分析家たちは、これを、神経症的な探究で、何の価値もないと見ています。彼らにとっては、これは、あるかたちのヒステリーや見せかけで、全面的に避けるべき何かなのです。なぜなら、彼らは、それらの周囲に、宗教という名における不条理を、理性もなく奥に何の実体もない信じがたいふるまいを見ているからで、それよりは、すでに確立されたパターンや、あるいは彼らが正しいと考えるパターンに同調するような人間を扱うほうがいいと思っているからです。みなさんはきっと、こういうことをいろいろなかたちで観察してこられたでしょう。

ですが、知性は、生の一部に過ぎません。それにはそれのあるべき場所がありますが、世界中の人類は、知性に――推論し、何かを論理的に追究し、理性と論理をベースにした活動を確立する能力に――とてつもない重要性を与えてきました。しかし、人類は、単に知性的な主体としてあるだけでなく、複合体としての存在全体でもあるのです。

みなさんはきっと観察してこられたはずです。人は、何か、合理的でありながらも、なおかつ、深みがあって意味に満ちた、知性によって発明されたのではないものを、そのようなものを発見したいと思います。そして、古代から常に、それを探し求めてきたのです。組織化された宗教は、何らかの信念や教義や儀式や迷信に従って人間の精神を条件づけるための大きな機構であり、ビジネス事業です。それは、利益の大きなビジネスで、わたしたちがそれを受け入れるのは、わたしたちの生があまりにも空っぽだからです。生は美を欠いており、ですから、わたしたちは神秘的でロマンティックな伝説を欲しがります。そして、伝説や神話を崇拝するのですが、人が築き上げた組織体系は、物理的なものであっても、心理的なものであっても、リアリティとは何の関係もありません。

人間のあらゆる奮闘努力から自由である精神――人間がこの「リアリティ」と呼ぶものを探し求めるなかで創造したあらゆるものをほんとうに捨て去った精神――とは、何でしょうか？　おわかりでしょうが、これは、最も言葉にしづらいことの一つです。言葉は使わなければなりませんが、コミュニケーションは、言葉だけではなく、言葉以外でも行なわれます。つまり、みなさんも、この話し手も、同時に、同じレベルで、同じ真剣さで探究しなければならないのです。そのとき、みなさんと話し手の交流が可能になります。わたしたちは言葉を使って、言葉以外でもですが、この、とてつもなく複雑な問いについて――明晰で客観的な思考が必要でありながら、なおかつ、すべての思考を超えて行く問いについて――語り合おうとしているのです。

瞑想は、未熟な者のものではありません。未熟な者は、本源的な何かを経験するために、足を組み、ある方法で呼吸し、逆立ちし、ドラッグを摂取したりして、彼らがいましているように、瞑想と戯れることはできます。ですが、ドラッグを通じても、断食を通じても、どんなシステムを通じても、永遠で時間のない何かを発見したり、それと出会ったりすることは決してできません。それへの近道はいっさいなく、人は精進しなければなりません。自分が何をしているのか、何を考えているのかについて、何の歪曲もなしに、しっかり気づいていなければならないのです。

そのためには、大いなる成熟が、年齢的な成熟ではなく、観察することができ、虚偽を虚偽と見て、虚偽のなかに真実を見て、真理を真理と見ることができる精神の成熟が求められます。政治の場面であれ、ビジネスの世界であれ、あるいは関係性においてであれ、それが成熟なのです。

みなさんはたぶん、「瞑想（meditation）」という言葉を聞いたり、それについて読んだりしたことがあるでしょう。あるいは、どうすべきかを教えてくれるどこかのグルに従っているかもしれません。みなさんがこの言葉を聞いたことがなかったらよいのに、と思います。そうすれば、みなさんの精神は新鮮な状態で探究することでしょう。人によってはインドに行ったりしますが、どうしてそこへ行くのか、わたしにはわかりません。真理は、そこにはありません。ロマンティックな物語はありますが、物語は真理ではありません。真理は、みなさんがいるところにあります。どこかの外国ではなく、みなさんがいるところです。真理とは、みなさんが行なうことであり、どうふるまうか、です。そこに真理があるのであって、剃髪のなかや、あるいは、人間がしてきたあらゆる馬鹿馬鹿しいことのなかにあるのではありません。

なぜ、瞑想すべきなのでしょう？「瞑想」という言葉の意味は、沈思する、熟考する、見つめる、知覚する、明晰に見ることです。明晰に見るには、歪曲なく観察するためには、自分の背景についての、条件づけについての気づきが必要です。ただそれに気づいていて、変えようとせず、改めようとせず、変容させようとか、それから自由になろうとせず、ただ観察するのです。

その観察のなかで、意識の中身全体を歪曲なく明晰に見ることが、瞑想の始まりであり、終わりなのです。最初の一歩は、最後の一歩です。

なぜ、瞑想すべきなのか、そして、瞑想とは何なのでしょう？　よろしいですか。みなさんが朝、窓の外に目をやり、とてつもなく美しい朝の光を、遠い山々を、そして水面の光を見るなら、そして言葉なしに、「なんて美しいんだろう」とつぶやいたりせずに観察するなら、完全に観察して、その観察のなかで全面的に注意深くあるなら、みなさんの精神は完全に静かであるはずです。そうでなければ観察できず、聞くこともできません。ですから、瞑想とは、完全に注意深くあり、沈黙している精神の質なのです。そのときはじめて、みなさんは、花を、その美しさを、その色を、形を見ることができます。そのときはじめて、みなさんと花のあいだの距離がなくなります。みなさんが花と自己同一化するのではなく、みなさんとその花のあいだに存在する時間の要素が、距離が消えるのです。そして、みなさんが非常に明晰に観察できるのは、言葉がなく、個人がないとき、そこに「わたし（me）」という中心がまったくない注意深い観察があるときだけです。それが、瞑想です。

さて、言語なしに、歪曲なしに、記憶としての「わたし」の介入なしに観察できるかどうかを見るためには、非常に多くの探究が求められます。それは、思考が観察に介入してはならない、ということを意味しています。それは、他者との関係性においてイメージなしに観察すること、相手について自分が築いてきたイメージなしに相手を観察することです。みなさんがそれを試したことがあるかどうか、わたしにはわかりません。そのイメージは「みなさん（you）」です。みなさんは他者についてのさまざまな印象や反応を蓄積してきました。イメージを形成し、それによって、相手からみなさんを分断します。そして、この分断が葛藤をもたらします。ですが、何のイメージもないとき、みなさんは全的な注意の感覚とともに、相手を観察することができます。そこには、愛があり、慈悲があり、したがって、葛藤はいっさいありません。それが、観察者のいない観察です。一輪の花を、そのまわりのすべてと分断なしに観察するのと同じです。なぜなら、分断は葛藤を意味しますから。そして、その分断は、思考がとても重要になっている限り、存在します。そして、わたしたちのほとんどにとっては、思考が、思考の運動と活動が、重要なのです。

そこで、疑問が生じます。思考はコントロールできるのでしょうか？　みなさんは、思考が介入しないように、しかし、適切な場所では機能するように、思考をコントロールしなければならないのでしょうか？　コントロールは、抑圧、方向、パターンへの追従、模倣、同調を意味します。みなさんは子どものころからコントロールするように訓練されてきて、それへの反応として、現代世界では「わたしはコントロールしないぞ、何でもしたいことをするのだ」と言います。わたしたちは、したいようにすることについて話しているのではありません。そんなことはまったたく馬鹿げています。この、コントロールというシステム全体もまた、馬鹿げています。コントロールが存在するのは、理解がないときだけです。何かを非常に明晰に見るとき、コントロールする必要はまったくありません。思考がどのように介入し、どのようにいつも分離するかを、わたしの精神が非常に明晰に見るなら、思考の機能が常に既知の領域にあることを見るなら、その観察そのものが、思考のコントロールすべてを無用にします。

「規律（discipline）」という言葉は学ぶという意味ですが、いま受け止められているように、機械的に同調することではありません。わたしたちは、コントロールから自由な、そして学ぶことができる精神について話しています。学びがあるところでは、どんな種類のコントロールもまったく必要ありません。つまり、みなさんは学びつつ行動します。瞑想の性質について探求している精神は、常に学んでいるはずですし、学びがそれ自身の秩序をもたらします。生には、秩序が必要です。秩序は徳です。ふるまいにおける秩序は正しさです。秩序と言っても、社会によって、文化によって、環境によって、強制や従属によって押しつけられた秩序ではありません。秩序は青写真ではありません。それは、みなさんが無秩序を、それも外部だけでなく、自分自身のなかの無秩序を理解するときに現われます。無秩序の否定を通じて、秩序が生じるのです。ですから、わたしたちは自らの生の無秩序を、自分自身のなかの矛盾を、対立する欲望を、あることを言いつつ違うことを思考し行動するあり方を見つめなければなりません。理解するなかで、無秩序を見つめながら、注意深くあり、無秩序に無選択に気づいているなかで、秩序は自然に、容易に、何の努力もなしに現われます。そのような秩序が必要なのです。

瞑想は、生のプロセスです。そこでは、お互いの関係性が明晰になり、どんな葛藤もありません。瞑想は、恐怖の、快楽の理解です。瞑想は、愛と呼ばれるものであり、死からの自由、完全に独りで立つ自由です。これは、生において最も偉大なことの一つです。なぜなら、内面的に――心理的に――独りで立つことができないなら、みなさんは自由ではないからです。独りあること(aloneness)は、世界から引きこもって孤独になることではありません。独りあることは、人が、恐怖や快楽のなかで、日常的な繰り返しの生を超えた何かを探し求めるなかで作り上げてきたすべてのものを、みなさんが全面的かつ実際に――言葉ではなく、自らの生のなかで実際に――否定するときに現われます。

みなさんがそのはるかなところに達したなら、そのとき、みなさんはおわかりになるでしょう。それは、ようするに、何の幻想もない精神であり、誰にも追随せず、したがって、あらゆる権威の感覚から自由になり、ドアを開くことができるのです。時間のない質というものがあるのか、あるいは、ないのかを見ることができるのは、そのような精神だけです。

時間の問題を理解することが大切です。経時的な時間ではありません。経時的な時間はごくシンプルで明確ですが、心理的な時間、明日の時間――「わたしは何かになるだろう」あるいは「わたしは達成するだろう、成功するだろう」――は、そうではないのです。進歩の観念全体が、ここからあそこへの時間の観念全体が、思考の発明ではありませんか？　明らかに、牛車からジェット機への進歩はありますが、心理的な進歩――「わたし（me）」はもっと良くなる、高貴になる、賢くなる――は、あるのでしょうか？　過去である「わたし」、これほどに多くのものごとを――侮辱やお世辞や苦痛、知識や悩み苦しみを――蓄積してきた「わたし」が、それが、より良い状態へと進歩することは、可能なのでしょうか？　ここからより良いものへの前進には時間が必要です。何かになるためには時間は必要です。しかし、何かになる、というようなことがあるのでしょうか？　みなさんは、より良い何かに――より良い「わたし」、より葛藤が少ない高貴な「わたし」という意味でのより良い何かに――なるのでしょうか？　その「わたし」は、「わたし」と「わたしではない者」に、「わたしたち」と「彼ら」に、アメリカ人としての「わたし」とインド人、あるいはロシア人等々の「わたし」に分離する主体です。そもそも、その「わたし」が、より良くなれるのでしょうか？　それとも、その「わたし」は、完全に終わるべきであり、「より良い」とか「別の何かになる」という考え方は、決してするべきではないのでしょうか？　別のものやより良いものを認めているとき、みなさんは善を否定しているのです。

瞑想とは、「わたし」の全面的な否定で、精神が決して葛藤しないことです。葛藤しない精神は、単に二つの葛藤の合間の平和な状態にあるのではなく、葛藤から全面的に自由なのです。そして、それは、瞑想の一つです。

心理的な時間を理解したとき、精神には空間があります。わたしたちには、物理的にも、内面的にも、どれほど空間が少ないかに、みなさんは気がついていますか？　大都市に住んで、戸棚のような狭い空間に住んでいると、わたしたちはより暴力的になります。なぜなら、わたしたちには、物理的な空間が必要だからです。さらに、わたしたちには、内面的に――心理的に――どれほど空間が少ないかにも、みなさんは気がついていますか？　わたしたちの精神は、想像で、学んできたあらゆるものごとで、さまざまなかたちの条件づけや影響やプロパガンダで混み合っています。わたしたちは人間が考案し発明したものごとで、自らの欲望、追求、野心などのあらゆることでいっぱいになっています。ですから、ほとんど空間がないのです。瞑想とは、そこに非常に深く入って行くなら、これらすべてを否定することであり、したがって、その注意の状態のなかには、境界のない広大な空間があります。そのとき、精神は沈黙します。

みなさんは誰かから、「瞑想のシステムを実践すべきだ」「練習して精神を沈黙させるべきだ」「悟るためには沈黙を達成しなければならない」と学んできたかもしれません。それがいわゆる瞑想ですが、その種の瞑想は、まったく無意味です。なぜなら、練習するときには練習する主体があって、よりもっと機械的になり、したがって限定され、無感覚になり、鈍くなるからです。それに、なぜ、練習すべきなのでしょう？　なぜ、自分と自分の探究のあいだに他者が割り込むことを許すべきなのでしょう？　なぜ、みなさんとみなさんが見出したいことのあいだに僧侶やグルが、あるいは書物が入り込むべきなのでしょう？　恐怖からですか？　誰かに励ましてもらいたいからですか？　自分で確信がもてなくて、誰かに寄りかかりたいからですか？　確信がもてなくて、確信を求めて誰かに寄りかかるなら、みなさんはきっと、同じように確信がもてない誰かを選んでいるでしょう。ですから、みなさんが寄りかかる相手は、「自分は非常に確信がある」という立場を取り続けます。「わたしは知っている、わたしは達成した、わたしは道だ、ついてきなさい」と言うのです。ですから、「自分は知っている」と言う人には気をつけることです。

悟りは決まった場所ではありません。決まった場所などないのです。すべきことはただ一つ、混沌を、わたしたちが生きている無秩序を理解することです。その理解のなかで、わたしたちは秩序を得て、そこで明晰さが現われ、確信が現われます。その確信は、思考の発明ではありません。その確信は英知です。みなさんがそのすべてをもつとき、精神がそのすべてを非常に明晰に見るとき、そのとき、ドアが開きます。その向こうにあるものは、名づけることができません。それは記述できず、記述する人は、それを決して見たことがないのです。それは言葉にはできません。なぜなら、言葉は事物ではなく、記述は記述されるものではないからです。できるのはただ、関係性において全面的に注意深くあること、その注意はイメージがあるときには不可能だと見ること、快楽と恐怖の性質全体を理解すること、そして、快楽は愛ではなく、欲望も愛ではないと見ることだけです。

みなさんは、すべてを自分自身で見出さなければなりません。誰もみなさんに告げることはできないのです。すべての宗教は「殺すな」と言ってきました。みなさんにとって、それはただの言葉ですが、みなさんが真剣なら、それが何を意味するのかを自分自身で見出さなければなりません。過去に言われてきたことは真実かもしれませんが、その真理はみなさんのものではないのです。決して殺さないとは何を意味するのか、みなさんが見出し、みなさんが学ばなければなりません。そのとき、それはみなさんの真理に、生きた真理になります。同じように――他者を通じてではなく、他者が発明したシステムによる練習を通じてではなく、グルや教師や救済者の受容を通じてではなく――みなさんが自分の自由のなかで、真理とは何か、虚偽とは何かを見て、どうすれば争いのまったくない生を生きられるかを、完全に自分自身で見出さなければならないのです。

このすべてが、瞑想です。

探し求めの終焉

思考が生み出したものではない何かが、そのようなものがありますか？　つまり、時間を超えた何かがあるか、ということです。わたしたちは、「身体的な成長」という観念に馴染んでいます。人は、学ぶため、理解するために、時間をもたなければならず、それで、わたしたちは、「時間を通じての変化」という観念に慣れているのです。物理的な時間があります。ある地点から別の地点への距離を移動するには、物理的に時間が必要です。しかし、わたしたちは、その概念、その結論を、心理にまで持ち込みました。「わたしは自分を知らないから、自分を知るために時間が必要だ」。心理的な時間が、思考によってそこに置かれます。みなさんは、強欲から自由になるために、時間を、実際に必要としますか？　これは、一つの例として言っているのですよ。みなさんは、嫉妬から、不安から、強欲から、羨望から自由になるのに、数日間という時間を、実際に必要としますか？　みなさんは、必要と考えることに慣れています。「それを克服しよう」と言うとき、「しよう（will）」は時間です。「怒りを、嫉妬を、力不足の感覚を克服しよう」と言うのが、わたしたちの習慣であり、伝統であり、生き方です。ですから、精神は、心理的な時間の観念に——明日に、あるいは多くの明日に——馴染んでしまったのです。さて、わたしたちは、そこを問いかけています。それは必要ない、と言っているのです。強欲から自由になるために、時間は必要ありません。つまり、みなさんが時間から自由であるなら、そして、強欲であるなら、明日はありません。みなさんは即座に、それと立ち向かい、行動し、何とかします。思考は、回避の手段として、先延ばしの手段として、すでにもっているものに耽溺するための手段として、心理的な時間を発明しました。思考は、怠惰のゆえに、心理的な時間を発明したのです。

みなさんは、明日という観念から、心理的に自由になれるでしょうか？　どうか、そこに分け入ってください。見つめてください。みなさんご自身の不安を——あるいは、何であろうがかまいません、みなさんの性的なだらしなさを——取り上げてください。もし、みなさんが、何らかの感覚的な活動を通じて到達したいものに手が届く、と考えているなら、その到達は時間の運動です。みなさんは、このことの真理を見ることができますか？　さらには、その知覚そのものがそれを終わらせる、という、このことも。こうしてお話ししている、いま、みなさんは、それを実行していますか？　それとも、それは、みなさんにとって、ただの観念ですか？

精神が時間を探究し、目的への手段としての明日が、その概念が心理的には幻想であることを発見したなら、そのときには、時間というインターバルはなく、ただ知覚と行動だけがあります。たとえば、ナショナリズムの危険——戦争等々——を見るとき、その知覚そのものが、特定の集団への執着の感情を終わらせる行動なのです。みなさんは、そうなさっていますか？　毎晩、イギリスのテレビは「イギリス人、イギリス人、イギリス人」と言い、あるいは、フランスでは「フランス人、フランス人、フランス人」と言っています。この分断が災厄をもたらすことを見るとき、そして、「イギリス人」という子ども時代にさかのぼる条件づけから自由になるために時間を要求する錯誤を見るとき、それが、葛藤を終わらせる行動なのです。このことを見るためには、非常に真剣な精神が、「わたしは見出したい」と言う精神が必要です。

瞑想とは、時間の終焉です。いま、わたしたちが行なっているのがそれです。わたしたちは瞑想してきました。時間の性質を見出すために、瞑想してきたのです。実際、ここからあそこへ行くために時間は必要ですが、心理的には時間は存在しません。その発見は、とてつもない真理であり、とてつもない事実です。なぜなら、わたしたちは、すべての伝統から離脱したからです（伝統は「時間をかけなさい、待ちなさい」と言い、「あれこれを行なうなら、神に到達するだろう」と言います）。それはまた、希望の終焉を意味しています。希望とは、未来を意味します。希望は時間です。誰かが落ち込んで不安でいるなら、絶望的な力不足の感覚とともにあるなら、その人は、前進したい、自由になるために学びたい、と希望するでしょう。みなさんが、心理的には何の未来もない、という、このことを見るなら、そのとき、みなさんは、希望ではなく、事実と取り組んでいるのです。

わたしたちが時間の探究のなかで行なってきたことは、瞑想の始まりです。それは、瞑想の一つです。

時間を超えた何かがあるかを見出すには、どんな問題も抱えていてはいけません。わたしたちは多くの問題を背負っています。個人的な問題、集団的な問題、国際的な問題。なぜ、わたしたちには問題があるのでしょう？　どうか、ご自分に問いかけてください。なぜ、問題があるのでしょうか？　性的な問題、想像上の問題、無職の問題、力不足の問題、「わたしは天国に行きたいのに、行けない」と口にする問題。一つの問題もない生を生きることは、可能でしょうか？　それは、課題が生じるたびに、それを抱えていくのではなく、瞬時に解決することを意味します。課題を抱えていくのは、時間の運動です。それが問題を創り出します。問題とは何でしょうか？

問題とは、みなさんが理解していない、解決していない、終わらせていない何かです。みなさんは、それを気に病み、心配し、理解できずに、来る日も来る日もそれと格闘します。精神は、このプロセスによって損なわれます。ですが、時間がないなら、問題もありません。みなさんは、実際に、このことを、心に——精神（mind）ではなく、心（heart）に——見ているでしょうか？　みなさんは、問題を抱えている男女は時間に囚われている、という、このことを見ていますか？　さらには、課題が生じたとき、精神が時間から自由であれば、精神は、その課題に瞬時に取り組む、という、このことも。時間という観念があって、「時間をかけて、解決しよう」と言うやいなや、みなさんは、事実から遠ざかっているのです。そして、それこそが問題なのです。このことを探究しようとするなら、何の問題もあってはなりません。精神は、自由に見なければならないのです。

時間を超えた何かを探究するにあたっては、関係性の完全な感覚が必要であり、それが生まれ得るのは、愛があるときだけです。愛は快楽ではありません。明らかですね。愛は欲望ではありません。愛は自らの感覚的な要求の充足ではありません。その愛の質がないのであれば——みなさんがどんなことをしてみても、逆立ちをしようが、残りの人生のあいだ、おかしな衣服を身に着けて足を組んで瞑想したところで——何もありはしません。時間を超えた何かを発見するには、正しい関係性がなければなりません。さらには、大いなる愛情の、愛の、この質が。それは、思考の結果ではありません。それは、何の問題も存在しないためには、なくてはならないのです。

瞑想においては、つまり、精神に絶対的な静かさをもたらすには、どんなかたちの努力も無駄です。瞑想するために努力することは、時間を意味し、苦闘を意味し、自分が投影している何かを達成しようと試みることを意味します。では、努力なしの、コントロールなしの観察があり得るでしょうか？　わたしは「コントロール」という言葉を、大いにためらいながら使っています。なぜなら、わたしたちは何でもありの社会で暮らしているからです——人は好きなことをします。馬鹿げていればいるほどいいのです。ドラッグ、セックス、無意味な衣服を身に着ける。この話し手は「コントロール」という言葉を、純粋な観察があるとき、コントロールする必要はない、という意味で使っています。「わたしは純粋に観察しているから、コントロールは必要ないのだ」と言って自分を欺き、好き放題にしたりしないでください。そんなことは無意味で馬鹿げています。精神が「コントロール下」にあるとき、そのコントロールは、思考がもたらしたものです。思考は限られていて、その限定のなかで、何かを欲します。それで、「コントロールしなければならない」と言うのです。そのような精神は、事実ではなく、観念の奴隷になります。概念の、結論の、奴隷になります。ある宗教を強烈に信じて、自由に考えられなくなった人のようなものです。

葛藤している精神には、問題があります。関係性を解決していない、したがって愛のない精神は、先へ超えて行くことができません。自分の円のなかで、先だと考えているところへ行けるだけです。自分は先へ超えて行っていると思い込むかもしれませんが、そうではないのです。わたしたちが真剣なら、そして、人間が囚われてきたあらゆるものごとを捨て去ったところにたどり着くなら、そのとき、精神には――あらゆる感覚にも、脳にも――英知とともに、愛のとてつもない感覚があります。そのとき、わたしたちは、見出すために前進できるのです。

静かな精神は、物理的に静かなだけではありません。静寂とは、必ずしもある姿勢で座っていることではありません。横になっていてもいいし、好きにしてください。ですが、身体は絶対的に静かでなければなりません。コントロールがあってはだめなのです。なぜなら、何かを無理強いすれば、葛藤があるからです。精神が自由で、したがって絶対的に静かであれば、観察できます。それは、「わたしは観察している」ということではありません。「わたし(I)」のない観察だけがあるのです。観察している「わたし」があるなら、そこには二元性があり、分離があります。その「わたし」とは、過去の思い出、過去の経験、過去の問題、現在の問題や不安などの多くのものごとでできている「わたし(me)」で――それは、「みなさん(you)」なのです。わたしたちが、もし、そのはるかなところに達しているなら、いま、「わたし(I)」は不在です。観察しているのは「わたし」ではありません。ただ観察だけがあります。

するると、何が起こるでしょう? いま、わたしたちがしてきたことが、ほんとうの瞑想です。自己への探究の感覚、自己への気づき(self-awareness)、自己の問題のすべてを知ること――すべての欲望、プレッシャー、葛藤、悲しみを知ることです。その気づきが生じ得るのは、関係性のなかで自分の反応を観察するときだけです。どこかに出かけて木の下に座ったところで、自分を観察することはできません。多少はできるでしょうが、しかし、すべての反応が起こるのは、関係性のなかだけです。さて、いま、精神には、何の問題もなく、努力もなく、コントロールもなく、そして、本質的に何の意志もない状態にあります。なぜなら、意志とは、欲望の本質だからです。「わたしはこうする」「わたしはこうしたい」「わたしはこうしなければならない」――すべて、時間のなかにある何かを求める欲望です。何かを達成するには、それを得るために意志を行使しなければなりません。ですから、精神は、そのようなすべてから自由です。

そのはるかなところに達したなら、そこには、何があるのでしょうか？　人は、何か、聖なるもの、清らかなもの、不滅のもの、不朽のもの、時間のないものを求めてきました。そして言います。「わたしは自分の生を完全に理解した。さて、そこに何があるのだろう？　その先には、いったい何があるのだろう？」と。あらゆる探し求めもまた、終わらなければなりません。なぜなら、神を、真理を、それが何であれ、何かを求めているなら、それは、自分の快楽であるかもしれず、自分の性的衝動であるかもしれず、自分の何らかの問題の終焉であるかもしれないからです。探し求めることは、求めているものを見つけたときに、それを認知しなければならない、ということを意味しています。そして、それは、みなさんを満足させなければなりません。そうでなければ、みなさんはそれを投げ捨てるでしょう。それは、みなさんの問題のすべてに答えなければならない――ですが、そうはならないでしょう。なぜなら、問題は、みなさん自身が創り出しているからです。ですから、「わたしは求めている」と言う人は、ほんとうはとてもバランスが崩れた人です。なぜなら、自分自身をトリックにかけて欺いているからです。そこで、そうしたすべてが全面的に終わるとき、そのとき、精神は、純粋な観察のなかで、絶対的に静かになります。そこから先は何であろうがただの記述でしかなく、伝え得ない何かを伝えるために、ただ言葉を寄せ集めているだけです。

できるのは、それを記述することではなく、同じ能力をもち、同じ熱意をもち、同じレベルにいる他者と出会うことだけです。それでは、愛とは何でしょう？　それは、同じ熱意をもち、同じレベルをもち、同じ時間にいる他者と出会うことです。そうではありませんか？　それが愛です。わたしは肉体的な愛のことを話しているのではありません。欲望でもなく、快楽でもない、愛のことを話しています。同じ熱意をもち、同じ時間の感覚をもち、同じ情熱をもつ誰かと出会うこと――それが愛です。

そのような愛があれば、そして、みなさんが沈黙している精神の質をおもちであれば、言葉のないコミュニケーションが成り立ちます。それがほんとうの交流、言葉にならない何かを完全に分かち合うという意味でのコミュニケーションです。言葉にしたとたん、それは消えます。なぜなら、言葉は事物ではないからです。

さて、わたしたちはどこにいるのでしょう？　いままでお聞きになったこと、学んできたこと、自分自身で見てきたことに関して、みなさんはどこにいるのでしょうか？　それは、みなさんにとって、単に覚えているべき言葉ですか？　それとも、深くて基本的な変化があって、みなさんはあらゆる問題から自由になり、恐怖から自由になって、決して死ぬことのない香りが、つまり愛があるのでしょうか？

そして、そこから、英知と行動が生まれるのです。

純粋な観察

わたしたちはお互いに、言っていることに耳を傾けているでしょうか？　みなさんは、ほとんどの時間、自分自身に話しかけており、誰かがやってきて何かを言おうとしても、耳を傾ける時間がないか、あるいは、その気になれず、そのつもりがないのです。いつも耳を閉じています。空間の感覚がなく、耳を閉じていて、したがって、お互いの言うことに決して耳を傾けません。聞くことは、耳で聞くだけでなく、言葉の意味に、言葉の重みに、そして、言葉の音に耳を傾けることでもあるのです。音（sound）はとても重要です。音があるときには、空間があります。そうでなければ、音はありません。音が生じるのは、空間のなかだけです。ですから、指摘させていただけるなら、耳を傾ける術とは、耳で聞くだけでなく、言葉の音に耳を傾けることでもあるのです。言葉は音をもっていて、その音に耳を傾けるためには、空間がなければなりません。ですが、言われていることをいつでも自分の偏見や自分の快不快のプロセスに翻訳しながら聞いているのであれば、そのとき、みなさんはまったく耳を傾けていないのです。

みなさんは、この話し手が言っていることに耳を傾けるだけでなく、言われていることへの自分の反応にも耳を傾けることができますか？　そして、自分の反応を、言われていることに同調しようとして修正せずにいることができますか？　それなら、プロセスは進行していきます。この話し手が何かを言っていて、みなさんは、それに耳を傾けています。そして同時に、言われたことへの自分の反応にも耳を傾けていて、ご自分の反応の音にも、言われていることにも、ともに空間を与えているのです。これは、とてつもない注意を意味しています。ある種の恍惚状態になって、ぼおっとしているのではありません。もし、みなさんが耳を傾けるなら、その耳を傾けることのなかには奇跡があります。奇跡とは、完全に言われている事実とともにあって、それに耳を傾け、同時に自分の応答にも耳を傾けている、ということです。これは、同時に起こっているプロセスです。みなさんは言われていることに、そして、言われていることへの自分の反応に耳を傾けています。それは瞬時に起こっており、みなさんはその音の全体に耳を傾けています。これは、空間があることを意味しています。ですから、みなさんは耳を傾けることに注意の全体を向けています。これは、一つの術であり、大学に行くとか、何かの学位を取ることによってではなく、あらゆるものに――流れている川、小鳥たち、飛行機、妻や夫に――耳を傾けることによって学ぶのですが、非常に難しいのです。なぜなら、みなさんはお互いに慣れているからです。十日もたてば、十年もたてば、みなさんは彼女が何を言おうとしているかをほぼ知っているし、彼女はみなさんが何を言おうとしているかをよく知っています。ですから、みなさんはそれぞれがお互いに耳を閉ざしてしまったのです。

みなさんは——明日ではなく、ここに座っている、いま——耳を傾ける術を学べますか？　つまり、自分の応答に耳を傾けて、それに気づき、自分自身のリズムの音に空間を与えて、同時に外部にも耳を傾けるのです。これは、全的なプロセスであり、耳を傾けることの統一された運動です。この術には、最高の注意が要求されます。なぜなら、そのように注意するときには、聞き手は存在せず、ただ事実を見ているだけであり、事実のリアリティを、あるいは事実のインチキさを見ているだけだからです。宗教的で瞑想的な脳の性質について探りたいとほんとうに望むなら、あらゆるものに、とてもとても注意深く耳を傾けなければなりません。それは、とてつもない川の流れのようなものです。

宗教は、思考の構造のなかにあるでしょうか？　それとも、思考を超えたものでしょうか？　思考は、常に経験と知識と記憶に基づいていて、非常に限られています。思考を超えた何かを検討すること、ただし、思考には検討させないこと、それは難しいことです。思考の活動はどの方向においても、それが技術の世界であれ、心理的な場合であれ、完全に限られていることがわかります。思考は、そのすべての活動とともに限られています。したがって、そこには、必ず葛藤があります。それはおわかりですね。それを理解したところで、さて、思考の活動ではない何かを探ることができる道具とは、いったい何でしょう？　それは可能でしょうか？　思考は、それ自身の活動を、それ自身の限界を、ものごとをまとめたり、あるものを破壊して別の何かを創造する、それ自身のプロセスを、調べることはできます。思考は、それ自身が混乱のなかにありながらも、ある種の秩序をもたらします。ですが、その秩序は限られた秩序です。したがって、それは、最高の秩序ではありません。秩序とは、全体としての存在の営みを意味しています。

おそらく、「探る（probe）」というのは間違いでしょうし、「調べる（investigate）」というのも間違いでしょう。なぜなら、思考を超えた何かを調べることはできないからです。いっさいの思考の運動なしに観察することが、どんな言葉の介入もなしに木を観察し、流れに耳を傾けることが、その観察に介入してくる過去の思い出のどんな運動もなしにただ観察することが可能かどうか、それを理解するには、観察者という過去からの完全な自由が求められます。

みなさんは、言葉なしに、言葉に含まれるあらゆる思い出や連想なしに、観察することができますか？　皆さんは妻を——あるいは、ガールフレンドを、夫を——「妻」という言葉なしに、その言葉に含まれるあらゆる思い出なしに見つめることができますか？　このことがどれほど重要か、わかってください。みなさんは、彼女をあるいは彼を、川を、初めて見るように見るのです。おわかりでしょうか。朝、目覚めて窓の外に目を向け、山々や渓谷や木々を、緑の畑を見るとき、自分が生まれたばかりであるかのように見るなら、それは、なんと驚くべき光景であることか。それは、どんなバイアスもなしに観察すること、どんな結論も偏見もなしに観察することを意味しています。半分しか目覚めていないなら、それはできません。それがどんなことなのかがおわかりになれば、簡単にできます。もし、わたしが妻を、あらゆるイメージから、出来事や記憶から、そして傷ついたことから見るなら、決して彼女を見てはいないのです。わたしは常に、過去の記憶のイメージを通じて、彼女を見ています。みなさんはガールフレンドを、あるいは妻を、夫を、あらゆるイメージや記憶なしに、初めて会うかのように見ることができますか?

思考によって汚染されていない宗教的な脳の性質を観察するには、大いなる注意が求められます。それは、グルや教会への、みなさんの観念や過去の伝統への、どんな傾倒からも全面的に自由であること——観察するために完全に自由であることです。そのように観察するとき、脳の質そのものに何が起こるでしょう?

わたしはいつも、木を、川を、空を、雲の美しさを、妻を、子どもたちを、夫を、娘を、思い出とともに、イメージとともに見てきました。それがわたしの条件づけです。そこへあなたがやってきて、言葉なしに、イメージなしに、すべての過去の思い出なしに見なさい、と言います。そして、わたしは、そんなことはできません、と言います。わたしの即座の応答は、わたしにはできない、というものです。つまり、わたしはあなたが言うことに実際に耳を傾けていないのです。応答は瞬時で、わたしは言います。「わたしにはできない」と。さて、ここで注意してください。「わたしにはできない」と言うのは抵抗の一つのかたちである、と気づいてください。なぜなら、わたしはある特定のグルに、あるいは、あるかたちの宗教的教義にとても傾倒しているので、手放すことが怖いのです。わたしはその応答に注意を払い、同時に、あなたが言うことにも――観察するには、言葉と言葉の中身からの完全な自由がなければならない、という、このことにも――耳を傾けて、その両方を聞かなければなりません。

そこで、この運動に――抵抗に、さらには、耳を傾けること、耳を傾けたいと思うこと、抵抗していれば耳を傾けることはできないと知ることに――気づいて、そこから離れないでください。「わたしは理解しなければならない」と言わないでください。ただ注視するのです。そして、全的な注意を喚起するのです。

純粋な観察には、自己の運動はありません。言葉は自己です。言葉、思い出、蓄積された傷、恐怖、不安、苦痛、悲しみ、そして、人間という存在の労苦のすべて、これらが自己であり、それは、わたしの意識です。そして、観察するとき、このすべては消えます。すべて、観察には入ってきません。観察する「わたし（me）」はいないのです。そのとき、日常生活におけるその観察には、完全な秩序があります。矛盾はありません。矛盾は無秩序であり、その無秩序をともなう矛盾は、それ自身の奇妙で限られた秩序をもっていますが。

このとき、わたしたちは、瞑想とは何かを問うことができます――どのように瞑想するかではありません。「どのように（how）」と問うときには、どうすべきかを告げる人がいます。「どのように」と問わず、瞑想とは何かを問うなら、そのとき、みなさんは、どれほど限られていようとも、自分の能力を、自分の経験を働かせなければなりません。考えなければならないのです。瞑想とは、沈思すること、熟考すること、関心を向けること、専念していること——何かに専念するのではなく、専念というスピリットをもつことです。みなさんが自分自身で見出すために耳を傾けていることを願っています。誰も、そう誰も、みなさんに瞑想とは何かを教えることはできないからです。どれほど長い髯を生やしていても、どんなに奇妙な衣服をまとっていても、です。自分自身で見出し、自分自身で見出したことに依拠してください。そして、誰にも依存しないでください。

「瞑想（meditation）」という言葉の意味は、とても注意深く理解しなければなりません。瞑想とは、基本的に「測定すること（to measure）」です。これは、どういうことでしょう？　古代ギリシャから現代まで、技術的世界の全体が測定をベースにしています。測定がなければ、橋を架けることも、すばらしい高層ビルを建てることもできないでしょう。それに、わたしたちは内面的にも常に測定しています。「わたしはこうだった、このようになろう」「わたしはこうで、こうだったが、ああでなければならない」。これは測定であるばかりでなく、比較です。測定は比較なのです。あなたは背が高く、わたしは低い。わたしは色白で、あなたは浅黒い。測定の意味を、そして「より良い」「より多い」という言葉の意味を理解してください。そして、それらを決して内面には使わないでください。こうしてお話ししている、いま、みなさんはそれを実行していますか?

脳が測定から自由になるとき、測定に慣れ、測定によって条件づけられていた脳細胞自身が、測定は心理的には破壊である、という真理に、とつぜん目覚めたのです。したがって、脳細胞そのものが変異を遂げたのです。みなさんの脳は、ある方向に行くことに馴染んでいて、その果てにあるものが何であれ、それが唯一の道筋だ、と考えています。その果てにあるものとは、もちろん、みなさんが発明したものです。誰かがやってきて、その方向に行ってもどこにも行き着かないと告げると、みなさんは抵抗し、反論します。「いや、あなたは間違っている。すべての伝統、すべての偉大な著者たち、すべての偉大な聖人たちが、あなたは間違っていると言っている」。これは、みなさんがほんとうには調べていなくて、誰か他人の言葉を引用していること、つまり抵抗していることを意味しています。すると、相手は言います。「抵抗せずに、わたしが言っていることに耳を傾けなさい。あなたが考えていることに、あなたの反応に、それからまた、わたしが言っていることに耳を傾けなさい」。ですから、両方を聞くのです。そして、両方を聞くためには、注意を向けなければならず、それは、空間を意味しています。

さて、みなさんが測定なしに生きることが——特定の瞑想のときだけでなく、日常生活を生きることができるかどうかを、見出すことにしましょう。どんな測定の感覚もなしに生を生きること、それが瞑想です。瞑想とは、この言葉そのものの深い理解の感覚のことです。そして、まさに、この言葉の理解と知覚が、この言葉へのその洞察が、心理的な測定を終わらせる行動なのです。わたしたちは、それを実行していますか？

瞑想において、その次は何でしょう？　わたしたちは、注意の性質と完全な傾聴を、つまり、耳を傾けるためには空間がなくてはならず、その空間には音があるはずだ、ということを理解しました。そして、わたしたちは、何か聖なるものが、清らかなものがあるだろうか、と問いかけています。わたしたちは、あるともないとも言っていません。思考が決して触れなかった何かがあるでしょうか？　わたしが思考を超えた何かに到達した、というのではありません。そんなのは馬鹿げた無意味なことです。思考を超えた何かがあるでしょうか？　物質ではないものが？　思考は、物質的なプロセスです。ですから、思考が作り上げたものは、何であれ限られていて、それゆえに、完全ではなく、全体ではありません。完全に思考の世界の外にある何かがあるでしょうか？　ご一緒に探究していきましょう。わたしたちは、あるとかないとか言っているのではありません。わたしたちは探究し、注意を向け、耳を傾けている——つまり、思考のすべての活動が終わっている、ということです。何か行為をしなければならない物理的な世界では別ですよ。わたしは、ここからあそこへ行かなければならない、手紙を書かなければならない、車を運転しなければならない、食べなければならない、料理をしなければならない、皿を洗わなければならならない。そのような場では、どれほど限られていようと、どれほど日常的な繰り返しであろうと、思考を用いなければなりません。ですが、思考が完全に終わっていないのであれば、内面的には、つまり心理的には、もはや、どんな活動もあり得ないのです。当然ですね。思考を超えた何かを観察するには、思考は終わっていなければならないのです。「思考を終わらせる方法は何ですか？それは集中ですか、コントロールですか？」と問うのは、子どもっぽくて未熟です。コントロールする者とは、いったい誰ですか？

探究するには、さらなる洞察をもつには、思考が作り上げたものではない、それを超えた何かがあるかどうかを観察するには、思考は完全に終わっていなければなりません。見出さなければならない、という必要性そのものが、思考を終わらせるのです。山に登りたいのであれば、訓練し、日々に鍛えるしかありません。もっともっともっと登るのです。すべてのエネルギーを、そこに注がなければならないのです。すると、思考以上の何かがあるかどうかを見出さなければならない、という必要性そのものがエネルギーを生み出し、そして、思考を終わらせます。さらなる観察のために思考を終わらせる重要性そのものが、思考の終焉をもたらします。こんなふうに単純なことです。複雑にしないでください。泳ぎたければ、学ばなければなりません。泳ごうと意図することは、泳ぐことの恐怖よりも強いのです。

このことは重要です。なぜなら、思考は限られていますが、その限界のなかにそれ自身の空間、それ自身の秩序があるからです。限られた思考の活動が停止するとき、そこには空間が、脳のなかの空間だけでなく、空間があるのです。自己がそれ自身のまわりに創り出す空間ではなく、限りない空間です。思考は限られていて、思考がすることは何であれ、常に限られています。なぜなら、思考は、その性質そのものにおいて条件づけられているからです。思考が自ら限界を発見するとき、そして、その限界が世界の大惨事を創り出していることを見るとき、その観察そのものが思考に終わりをもたらし、何か新しいものの発見に至ります。そのとき、そこには空間が、沈黙があります。

つまり、瞑想とは、心理的な測定の理解であり、その終焉なのです。それは、なりゆくことの終焉であり、思考は永遠に限られている、と見ることです。限りないものを思い考えたところで、それもやはり、限られたものから生まれるのです。そこで、思考は終わりに達します。そして、ずっとしゃべり続け、ごたつき、限られていた脳が、とつぜん沈黙します。何の強迫も、何の規律もありません。なぜなら、それは、事実を、真理を見るからです。そして、事実と真理は、時間を超えているのです。

思考は終わりに達します。そのとき、脳には絶対的な沈黙の感覚があります。思考の運動はすべて終わっています。終わってはいますが、物理的な世界で必要があれば活動できます。いま、それは静かです。それは沈黙しています。そして、沈黙があるところには、必ず空間が、巨大な空間があります。なぜなら、自己がないからです。自己にはそれ自身の限られた空間があり、自己はそれ自身の小さな空間を創造します。ですが、自己がないとき、つまり、思考の活動がないときは、そのとき、脳には広大な沈黙があります。なぜなら、いま、すべての条件づけから自由だからです。

そして、空間と沈黙があるところにのみ、新しい何かが、時間である思考が触れ得ない何かが存在できるのです。それは、最も清らかなもの、最も聖なるものかもしれません――たぶん、そうでしょう。みなさんは、それに名前をつけることはできません。おそらく、それは名づけ得ないでしょう。そして、それがあるとき、そこには、英知と慈悲と愛があります。ですから、生は断片化されていません。それは、全体としての、一体としての、プロセスであり、動きであり、生きることです。

そして、死（death）は、生（life）や生きること（living）と同じように重要です。それらはともに進みます。生きることは、死ぬこと（dying）を意味しています。あらゆるトラブル、苦痛、不安を終わらせることは、死ぬことです。それは、二つの川がとてつもない流量で一緒に流れて行くようなものです。そして、このすべてが、わたしたちの講話の始まりからいままでのすべてが、瞑想の一つです。わたしたちは人間の性質に分け入りました。そして、みなさんご自身以外の誰も、そこに根源的な変異をもたらすことはできないのです。

光は誰からも与えられない

完全に自分にとっての光であるためには、人は自由でなければなりません。自らにとっての光です！　この光は他の誰からも与えられないし、みなさんも誰かのロウソクに灯をともすことはできません。もし、誰かのロウソクに灯をともすなら、それはただのロウソクで、いつかは消えてしまうでしょう。自らにとっての光であるとはどういうことか、それを見出すための究明そのものが、瞑想の一つです。わたしたちはご一緒に、自らにとっての光であるとはどういうことかを究明し、その光をもつことがどれほどとてつもなく大切かを見ることにしましょう。

わたしたちは、権威を受け入れるように条件づけられています――聖職者の権威、書物の権威、グルの権威、自分は知っていると言う誰かの権威。すべてのスピリチュアルな事柄においては、どんな権威もあってはなりません（スピリチュアルという言葉を使うとすればですが）。そうでなければ、みなさんは自由に究明することも、瞑想とは何なのかを自分自身で見出すこともできません。瞑想について問いかけるには、みなさんは、全体的に、内面的に、すべての権威から、すべての比較から自由でなければなりません。そこにはこの話し手の権威も含まれます。というか、とくにこの話し手の権威、つまり、わたしの権威ですね、それから自由でなければなりません。なぜなら、みなさんが彼の言うことに従うなら、もうおしまいだからです。みなさんは、医者や科学者の権威の重要性についてはご承知のはずですが、内面的な権威にはまったく重要性がないことを理解しなければなりません。それが他者の権威であろうと、自分自身の経験、知識、結論、偏見の権威であろうと、同じです。自分自身の経験、自分自身の理解、それもまた、自分自身の権威になります。「わたしは理解した、だから、わたしは正しい」。こうしたすべてが、気づくべき権威のかたちです。そうでないと、決して、自らにとっての光にはなれません。自らにとっての光であるとき、みなさんは世界にとっての光です。なぜなら、世界はみなさんであり、みなさんは世界なのですから。

ということで、みなさんを導く人は誰もいないし、みなさんが進歩していると言ってくれる人も、みなさんを励ます人もいません。瞑想において、みなさんは完全に独りで立たなければならないのです。そして、みなさんにとっての光が、これが現われ得るのは、みなさんが自分とは何であるかを自分自身のなかに究明するときだけです。それが自己への気づき、自分とは何かを知ることです。心理学者に従うのではなく、誰か哲学者に従うのではなく、この話し手に従うのでもなく、自分自身の性質、自分自身の思考、感情に気づき、知ること、その構造全体を見出すことです。自己を知ることとは、とてつもなく重要です。他者が提供する記述ではなく、実際の「あるがまま」、自分とは何なのか、ということです。自分でこうだと考える自分でもなければ、こうあるべきだと考える自分でもなく、実際に進行していることです。

それを、やってみたことがおありですか？　この皮膚の内側で実際に起こっていること、そのあるがままに気づくことがどれほど難しいか、ご存じですか？　なぜなら、わたしたちは、過去の知識を通じて観察するからです。そして、経験として獲得してきた知識、あるいは他者から集めた知識によって探究するなら、それは、過去という背景から自分自身を検討しているのです。したがって、「あるがまま」を実際に観察しているのではありません。観察する自由がなければならないのです。そのとき、その観察のなかで、自分自身の構造全体とその性質が明らかになり始めます。このようなことのすべてをみなさんに語る人は皆無と言っていいでしょう。なぜなら、彼らは利己的で、組織を、集団を、そのような事業の構造全体を作りたがるからです。ですから、よろしければ、どうか、言われていることに完全な注意を向けてください。

自分自身を理解するためには、観察が不可欠です。その観察が起こり得るのは、「いま」だけです。それは、「いま」を観察している過去の運動ではありません。過去の結論、偏見、希望、恐怖から「いま」を観察するとき、それは、過去から現在を観察することです。自分では「いま」を観察していると思っていますが、「いま」の観察が起こり得るのは、過去である観察者がいないときだけです。「いま」の観察は、とてつもなく重要です。現在と出会う過去の運動は、そこでは終わっているはずです。それが、「いま」です。ですが、もし、その運動が続くのを許してしまうと、「いま」は未来に、あるいは過去になって、決して、実際の「いま」にはなりません。観察が起こり得るのは、まさに行為しているときだけです——怒っているとき、強欲になっているとき、それをそのまま観察するのです。これは、非難しないこと、判断を下さないこと、それを注視し、それが花開いて消えていくままにすることを意味します。その美しさを理解していらっしゃいますか？

わたしたちは伝統的に抑圧するよう、あるいは一定の方向に動くように教育されています。わたしたちが言っているのは、自分の怒りを、強欲を、性的欲求を、それが何であれ、観察することと——怒りが花開いて消え、萎れていくように、過去なしに観察することです。それをするとき、みなさんはもう決して怒ることはないでしょう。やってみたことがおありですか？　ときどき、やってみてください。そうすれば、ご自分で発見なさるでしょう。そこに何の選択もない観察を進行させるのです。強欲を、羨望を、嫉妬を、それが何であれ、ただ観察する。その観察そのもののなかで、それは花開き、根源的な変化を遂げます。背景のない観察そのものが、変化をもたらすのです。

どんな選択もなしに自分自身に気づき、いま実際に起こっていることを見るのは、自己の運動全体である「わたし（me）」が花開くのを許すことです。それは、根源的な変容を遂げます。もし、何の背景もなく、背景である観察者がいないのであれば、ですが。その観察のなかに権威の居場所がないのは、明らかです。みなさんの観察と真理のあいだには、何の仲介物もないのです。そうするなかで、人は、自らにとっての光になります。そうなったら、みなさんは、どんなときも、誰にも、どうすればいいのかと尋ねません。観察することそのもののなかに、行為があり、変化があります。どうか、やってみてください！

ということで、観察する自由が、そして、それゆえに、どんな種類の権威もないことが、必要不可欠です。

そのとき、経験を探し求めることは（わたしたちはみんな経験を欲しています）、終わりに達するはずです。なぜか、説明しましょう。わたしたちは毎日、さまざまな種類の経験をします。それを記録することが記憶となり、その記憶が観察を歪めます。たとえば、みなさんがキリスト教徒だとすれば、二千年にわたって、あらゆるイデオロギー、信念、教義、儀式、救世主のなかで条件づけられてきており、みなさんは求めるものを――それが何であれ――経験したいと思います。そして、それが何であれ、みなさんは経験するでしょう。なぜなら、それがみなさんの条件づけだからです。インドには何百もの神々がいて、インドの人たちはそれに条件づけられているので、それらのビジョンをもっています。なぜなら、彼らは、自分たちの条件づけに従って見るからです。わたしたちは、あらゆる肉体的な経験に飽きたとき、何か別の種類の経験を、スピリチュアルな経験を欲しがります。神がいるのかを見出すため、ビジョンをもつためです。みなさんはビジョンや経験を、明らかに自分の背景に従ってもつことでしょう。なぜなら、精神がそのように条件づけられているからです。そこに気づいてください。そして、経験のなかに何がひそんでいるのかを見てください。

経験のなかに、何がひそんでいるのでしょう? そこには、経験する経験者がいるはずです。経験者とは、彼が切望するすべて、告げられてきたすべて、彼の条件づけです。そして、彼は、神と呼ぶものを、あるいは涅槃を、その他何であれ、経験したいと欲します。そこで、彼は、それを経験するでしょう。しかし、「経験(experience)」という言葉は、認知(recognition)を意味します。そして、認知とは、すでに知っている、ということです。したがって、それは、新しい何かではありません。ですから、経験を求める精神は、ほんとうは過去に生きているのです。したがって、まったく新しい何かを、本源的なものを理解することは、決してできないでしょう。ですから、経験したいという衝動からの自由がなくてはならないのです。

この種の瞑想に分け入ることは、とてつもなく骨の折れることです。なぜなら、わたしたちのすべてが、むしろ安易で、快適で、幸福で、楽な暮らしを欲しているからです。ですから、何か困難が訪れると、注意やエネルギーが求められると、みなさんは「これは、わたしには向いていない、別の道を行こう」と言うのです。

それでは、ご自分の恐怖、快楽、悲しみ、そして、関係性のなかで生きる日常のあらゆる複雑さを、観察してみてください。そのすべてを、非常に注意深く観察してください。観察するとは、観察者がいないことを意味します。したがって、抑圧や否定、受容などの問題はいっさいなく、ただ恐怖の観察だけがあります。恐怖があるとき、それは、常に知覚を歪めます。快楽を追求しているとき、それは、歪曲の要素です。あるいは、悲しみがあるとき、それは、重荷です。ですから、瞑想とは何かを学んでいる精神は、そのようなことから自由でなければならず、日常の、日々の関係性を理解しなければなりません。これは、さらにとても骨の折れることです。なぜなら、わたしたちの相互の関係性は、お互いのイメージをベースにしているからです。イメージを作る者がいる限り、そのイメージを作る者は、お互いの実際の関係性を妨げます。瞑想というテーマに深く分け入る前に、このことを理解することが不可欠です。だからこそ、適切に正しく瞑想する人たちはとても少ないのです。

すべての瞑想システム、日々の修行方法は、思考をコントロールしなければならない、と主張します。なぜなら、思考は静かな精神を邪魔する要素だからです。さて、そこを見つめるとき、コントロールする者とは誰でしょう？　みなさんは思考のコントロールの重要性を見て、「コントロールする努力をしよう」と言います。しかし、相手にはいつも逃げられます。コントロールに四十年を費やしますが、どの瞬間にも逃げられてしまいます。ですから、みなさんは、コントロールする者とは誰なのか、と問わなければならないのです。そして、コントロールするためにとてつもない努力をすることが、どうして、それほどに重要なのか、とも。その努力は、逃げ去っていく思考と、「コントロールしなければならない」と言う別の思考との葛藤を意味しています。それは、不断の闘い、苦闘、葛藤です。ですから、わたしたちは、コントロールする者とは誰なのか、と問わなければならないのです。コントロールする者とは、別の思考ではありませんか？つまり、支配的な位置にある一つの思考が、「わたしは他の思考をコントロールしなければならない」と言うのです。一つの断片が別の断片をコントロールしようとしているのです。

重要なのは、「思考すること（thinking）」だけがあるのだ、と見出すこと――思考する者（thinker）と思考（thought）があって、思考する者が思考をコントロールしているわけではない、と見出すことです。あるのは、「思考すること」だけです。わたしたちは、そのとき、思考をどうコントロールするかではなく、「思考すること」のプロセス全体に関心を向けます。なぜ、それを止めるべきなのでしょう？「思考すること」だけがあるなら、なぜ、それを止めるべきなのでしょう？「思考すること」は、運動です。そうではありませんか？「思考すること」は、時間のなかでの、ここからあそこへの運動です。その時間は終わりに達し得るでしょうか？そこれが問題なのであって、どうやって「思考すること」を止めるか、ではありません。瞑想について、グルたちはコントロールを強調しますが、コントロールがあるところには、必ず努力があり、必ず葛藤があり、必ず抑圧があります。そして、抑圧があるところには、あらゆる種類の神経症的なふるまいがあります。

どんなコントロールもなしに生きることとは、可能でしょうか？　これは、好き放題をする、完全に何でもあり、という意味ではありません。みなさんは日常生活で、心理的に、どんなコントロールもなしに生きることができるでしょうか？　できるのです。わたしたちはコントロールの影のない人生を知りません。わたしたちのすべてがコントロールだけを知っています。コントロールは、比較があるところに存在します。わたしは自分をあなたと比較し、あなたのようになりたいと願う。なぜなら、あなたのほうが知性的で、優秀で、よりスピリチュアルだからです。わたしはあなたのようになりたいと願い、そこで、あなたのようになろうと努力します。もし、心理的に、どんな比較もないなら、何が起こるでしょう？　わたしはそれなのです。わたしはわたしであるままです。わたしが何であるかは知りません。ですが、わたしが「よりもっと」と考えるのが何かへの運動は、いっさいありません。比較がないとき、何が起こるでしょう。わたしが鈍いのは、もっと賢くて優秀なあなたと自分を比較するからですか？　あるいは、「鈍い」という言葉そのものが、わたしを鈍くするのでしょうか？

みなさんは美術館に行くと、さまざまな絵画を見て、比較し、こっちのほうがいい、と言います。わたしたちは伝統的にそのように訓練されているのです。学校では、他者より優秀でなければならない、他者を打ち負かさなければならない、と言います。審査という運動全体が比較であり、努力することです。わたしたちは、測定という運動を理解するとき、そして、その非現実性を心理的に見るとき、そのときは「あるがまま」がそこにある、と言っているのです。みなさんには、まさしく「あるがまま」があります。みなさんが「あるがまま」と出会えるのは、みなさんにエネルギーがあるときだけです。そのエネルギーは比較するなかで消失していたのですが、いま、みなさんには、そのエネルギーが――「あるがまま」を観察し、「いま」を観察する、そのエネルギーがあるのです。ですから、「あるがまま」は根源的な変容を遂げます。

さて、思考（thought）は、それ自身を、コントロールする者とコントロールされるものに分断しました。しかし、あるのは「思考すること（thinking）」だけです。コントロールする者もコントロールされるものもなく、「思考する」という行為だけがあります。「思考すること」は運動、時間のなかの測定としての運動です。それは、自然に、容易に、どんなコントロールもなしに、終わりに達し得るでしょうか？　終わらせようと努力するとき、「思考すること」は、依然として操作のなかにあります。わたしは、思考する者は思考とは違うと言って、自分を欺いています。ですが、「思考すること」だけがあるのです。思考する者とは思考です。思考がなければ、思考する者もありません。この「思考すること」は、時間のなかの運動は、終わりに達し得るでしょうか？　つまり、時間は止まり得るでしょうか？

時間は過去です。未来の時間はありません。未来とは、過去が現在と出会い、現在を修正しつつ進んでいるだけです。時間は過去からの運動であり、修正されはしますが、依然として進行しているのです。その運動は――知識の運動全体であり、既知の運動全体である、その運動は――止まらなければなりません。その運動から自由でない限り、新しいものの観察はありません。その運動は止まらなければならないのです。ですが、意志によって、つまりはコントロールによって止めることはできません。感覚や思考やイメージの一つである欲望によっては、それを止めることはできないのです。では、どうすれば、この運動は自然に、容易に、幸せに、みなさんが知らないうちに、終わりに達するのでしょう?

みなさんは、これまでに、大きな快楽を与えてくれる何かを――まさにその瞬間に――断念し、瞬時に手放したことがありますか? そうしたことがありますか? 苦痛や悲しみだったら、それもできますが、わたしが言っているのは、そういうことではありません。なぜなら、そういうことは忘れたいし、押しのけますからね。ですが、多大な快楽を与えてくれる何かですよ。みなさんは、それをしたことがおありですか? 瞬時に、何の努力もなしに手放すのです。いかがですか? 過去は常に、わたしたちの背景です。わたしたちは過去のなかで生きています――誰かに傷つけられた、誰かに何かを言われた――わたしたちの人生全体は、過去のなかで浪費されます。いまの出来事は記憶に変容し、記憶は過去になります。ですから、わたしたちは過去のなかで生きているのです。この過去の運動は止まり得るでしょうか？

過去は運動――現在を通じて修正され、未来に向かう運動です。それが時間の運動です。過去は運動で、常に進行し、現在と出会いつつ動いています。「いま」とは、無運動（nonmovement）です。なぜなら、みなさんは「いま」とは何かを知らず、運動だけを知っているからです。おわかりですか。動き得ないもの（immovable）が「いま」なのです。「いま」は、過去が現在と出会い、そこで終わっているのです。それが「いま」です。ですから、過去の運動は、動き得ないものである「いま」と出会い、そして止まります。過去の運動である思考は、現在と完全に出会い、そこで終わるのです。そのことについて瞑想し、熟考するべきなのです。どうか、そこに分け入ってみてください。

次は精神です。それは物質、脳であるだけでなく、感覚でもあり、思考が精神に押し込んだものごとのすべてです。それは意識であり、その意識のなかに、さまざまな無意識の欲求のすべてがあります。意識の全体性を、まるごと観察できるでしょうか？　断片を一つずつ、ではありません。なぜなら、断片を一つずつ検討していたのでは、終わりがないからです。意識の全体性の観察があるときにのみ、その終焉が、あるいは、何か別のものの可能性があるのです。それでは、この意識の全体性をまるごと観察できるでしょうか？　そのつもりになれば、できます。ある場所に行きたいと思って地図を見るときには、方向があります。地図全体を観察するとは、方向がない、ということです。単純なことです。どれほど単純か見てください。複雑にしないでください。同じように、意識全体を見るとは、方向がないこと、つまり、何の動機もない、ということです。どんなものでも、それが自分自身や自分の意識であろうが、まるごと観察できるときには、何の動機もなく、したがって、方向もないのです。

さて、意識をまるごと観察するには、動機も方向もあってはなりません。あらゆることを動機とともに行なうように訓練されているとき、それは可能でしょうか？　動機のある行動、それが、わたしたちが行なうように訓練され、教育されてきたことです。わたしたちの宗教のすべてが、あらゆることが、動機をもたなければならない、と言います。ですが、動機をもった瞬間、それが快楽であれ苦痛であれ、報酬であれ懲罰であれ、それはみなさんに方向を与え、したがって、みなさんは全体を見ることがまったくできないのです。そのことを理解し、実際に見るなら、そのとき、みなさんには動機はありません。「どうすれば、動機をなくせるのか？」とは尋ねません。何かをまるごと見ることができるのは、みなさんに方向がないとき、そこから方向が出てくる中心がないときだけです。中心とは動機です。動機がないなら、中心はなく、したがって、方向もありません。このすべてが、瞑想の一つです。

さて、次は何でしょう？

いま、精神は、どんな動機もなしに観察する準備ができました。おわかりですか？　権威やその他のすべてを理解したので、みなさんは完全に独りで立ち、自らにとっての光なのです。したがって、何の衝突もありません。精神は、脳は、記録しません。精神は、いま、ただの一つの運動もありません。したがって、沈黙しています。それは、強制された沈黙ではなく、培われた沈黙でもありません。それでは、何の意味もありません。何かを止めた結果としての沈黙、騒音を止めた結果としての沈黙ではないのです。それは、日常生活の自然な帰結です。そして、日常生活には、それ自身の美しさがあります。美しさは、無運動の一部です。

美しさとは何でしょう？ それは、記述ですか？ それは、みなさんが見るもの――均整、高さ、深さ、影、ミケランジェロの絵画や彫像ですか？ 美しさとは何でしょう？ それは、目にあるものですか？ それとも、外側にあるのですか？ あるいは、目にも外にもないのでしょうか？ わたしたちは、美しいもの、美しい建築、見事な大聖堂、きれいな絵画がそこにある、と言います。それとも、それは目にあるのでしょうか？ なぜなら、醜いものは均整がとれていない、深みがない、様式がない、と見るように、観察するように訓練されてきたからです。美しさは外にあるのか、それとも目にあるのか、あるいは、目とも外とも何の関係もないのでしょうか？

美しさは、みなさんがいないときにあるのです。みなさんが見るとき、見ているのは、判断しているのは、「すばらしく均整がとれている」「とても静かだ、深みがある、すばらしく偉大だ」と言うのは、みなさんです。すべて、みなさんが見ていて、みなさんが重要性を与えているのです。そうではなく、みなさんがそこにいないとき、それが美しさです。わたしたちは表現したがります。なぜなら、それで自己充足できるからです。ですが、美しさがそこにあるとき、その表現は決して生まれないかもしれません。美しさは、人間としてのみなさんがいないとき、労苦や不安や苦痛や悲しみを抱えたみなさんがそこにいないときに、あるのかもしれません。そのとき、そこに美しさがあるのです。

さて、いま、精神は静かです。何の運動もありません。それでは、運動が止まったとき、そこには何があるでしょう？

慈悲は運動ですか？　人は出かけて行って他者のために何かをするとき、インドの村へ行って人々を助けるとき、自分は慈悲深いと考えます。しかし、そのすべては、さまざまなかたちの感傷や愛情等々です。わたしたちが問いかけているのは、よりもっと重要な何かです。それは、運動がいっさいないとき、そのとき、何が起こるのか、何があるのか、ということです。それは慈悲でしょうか？　それとも、そのすべてを超えているのでしょうか？　つまり、そこにあるのは、まったく本源的なもの、それゆえに聖なる何かなのでしょうか？　わたしたちは、何が聖なるものであるかを知りません。わたしたちは、教会や寺院、あるいはモスクのなかで、自分たちのイメージを聖なるものと考えます。しかし、イメージは、思考が作り上げたものです。そして、思考は、物質的なプロセスであり、運動です。何の運動もないとき、まったく本源的で、人類がまったく触れたことのない、思考のすべての運動が触れたことのない、何かがあるのでしょうか? それこそが、おそらくは、本源的で、それゆえに最も清らかなものなのでしょう。

これが、ほんとうの瞑想です。「知らない(not knowing)」という始まりそのものから出発するのです。もし、みなさんが、知っている状態で出発するなら、疑惑で終わります。知らないままに出発すれば、絶対的な真理にたどりつきます。それは確かです。みなさんに、それがおわかりかどうか……。わたしたちは、自分自身を究明しなければならない、と言うところから始めました。自分自身は既知です。ですから、その既知を、空っぽにするのです。その空っぽから、残るすべてが自然に流れ出ます。

最も清らかな何かがあるところ、それが瞑想の運動全体であり、そのとき、生は、まったく違った意味をもちます。それは、決して、決して、皮相的ではありません。もし、そうであるなら、問題は何もないのです。

思考が触れ得ない次元

世界のどんなところへ出かけても、非常に荒削りなものから非常に繊細なものまでいろいろですが、ほんとうに清らかで聖なる何かを発見するための精神の奮闘努力が観察できます。どんなところに行ってみても、ほんとうに神々しく聖なる何かが、不朽の何かがあるかどうかを知ろうとする人間精神の不断の探究があります。それを探し求めるにあたって、世界中の聖職者たちは、人が「神」と呼んできた何かを信じなければならない、と語ってきました。ですが、特定の宗教あるいは特定の信念の指示に従って、それを見出したり、その有無を学ぶことができるでしょうか？　それとも、それはただ、あらゆるものが流動的で一時的であることを見て恐怖を感じ、永遠で時間を超えた何かを求める精神の発明にすぎないのでしょうか？　信じている者も、信じていない者も、人は、それに関心をもつべきです。なぜなら、それに出会わず、それを学ばないなら、生は、いつまでも皮相的であり続けるからです。人は、倫理的で——どんな強迫もなく、社会からの介入も、文化からの介入もなしに、言葉の正しい意味で、倫理的であるかもしれません。それなりに調和のある、まっとうでバランスのとれた生き方をして、矛盾なく恐怖なく生きるかもしれません。ですが、まさにその、人類が求めてきたものを、それを発見しない限りは、どれほど倫理的で、どれほど社会的に活動していても、善行やその他のあれこれに励んだところで、その生は浅薄です。真に倫理的で、有徳であるとは、秩序の領域のなかに深くあることなのです。

そもそも、人が真剣であるなら、存在という現象全体にほんとうに関心をもっているなら、名づけ得ない、時間を超えた何かが、思考が作り上げたものではない何かが、そして経験を超えることを切望する人間精神の幻想ではない何かがあるかどうかを、自分自身で学ぶことが重要です。人は、それについて、学ばなければなりません。なぜなら、それは、生に驚くべき深さを——単なる意味だけでなく、大いなる美しさを——与えるからです。そこには、何の葛藤もなく、大いなる感覚の全体性が、完全さが、まったき充足があるのです。それについて、もし、精神が学ぶことになれば、人が作り上げてきた神聖と称するものを、すべての宗教的な儀式や信念や教義とともに——そのなかで人は条件づけられているのですが——自然に捨て去るはずです。

わたしは、お互いに話が通じていることを願い、さらには、みなさんが実際に、言葉の上だけでなく、深く内面的に、それらを捨て去っていることを、そして、完全に独りで立つ力があって、心理的に何ものにも依存していないことを願っています。疑うのはよいことです。とはいえ、疑いの手綱はつかんでおく必要があります。知性的に疑いの手綱をつかむとは、探究しつつ、あらゆるものは無意味ではないかと疑うことです。不死が、時間のない精神の状態が、不滅のものが存在するのか――あるいは、しないのか――を見出そうとする奮闘努力のなかで、人間が作り上げてきた構造の意味のすべてを知性的に探究し、自分自身で見たなら、そのとき、みなさんは学び始めることができます。

思考は、その状態を決して発見できません。なぜなら、思考は、時間と測定であるだけでなく、過去の中身の――意識的なものであれ、無意識的なものであれ――全体でもあるからです。思考が、リアルな何かを探し求める、と言うとき、リアルとみなすものを投影することはできますが、それは幻想になります。思考が、発見するべく規律を実践しようと思い立つなら、ほとんどの聖人、宗教、教義が行なうことをするでしょう。さまざまなグルが言うには、思考を訓練しなさい、思考をコントロールしなさい、思考に規律をもたらしなさい、思考を自分たちが与えるパターンに合わせなさい、そうすれば、最終的にはリアルなものに出会えるでしょう、ということなのですが、おわかりのように、思考は、決してそれを発見できません。なぜなら、思考は、本質的に自由ではないからです。思考は、新しくあることが決してできません。まったく知覚されない何か、まったく知られず認知されないはずの何かを発見するには、思考は、完全に静かでなければなりません。

思考は――どんな努力も、コントロールもなしに――静かになれるでしょうか？　なぜなら、みなさんがそれをコントロールする瞬間には、コントロールする者がいて、それもまた、思考の発明だからです。そこで、コントロールする者は、その思考をコントロールし始め、そこには葛藤があります。葛藤があるところには、必ず思考の活動があります。精神は、時間の結果であり、進化の結果です。精神は、大いなる知識の倉庫で、それは、非常に多くの影響や経験の結果であり、それらが思考の、まさしく核心なのです。その精神が、コントロールも規律もなしに、どんなかたちの努力もなしに、静かになれるでしょうか？　努力があるなら、必ず歪曲があります。みなさんとわたしがこのことを学べば、わたしたちは毎日の生活で、正気に、正常に、健康に機能することができ、同時に、思考からの自由のとてつもない感覚があるでしょう。

さて、どうすれば、それが起こるでしょうか？　これこそは、人類が探し求めてきたことです。思考は、一時的なものです。思考は、変化され、修正され、拡大されることもできます。そして、思考は、いかなる思考のプロセスによっても知覚不能な何かに、ほんとうに分け入ることはできません。わたしたちは、このことをよく知っています。人間は問いかけます。どうすれば、思考をコントロールできるのだろう、と。なぜなら、わたしたちが耳を傾けることができるのは、何かを明確に聞き、見ることができるのは、精神が完全に静止したときだけである、という、このことを、きわめて明晰に見るからです。

脳と精神の全体は、完全に静止することができるでしょうか？　その疑問を考えてみたことがありますか？　あるなら、そして、もし、答えを見つけたなら、その答えは、みなさんの思考に沿っているはずです。思考は、それ自身の限界を自然に自覚し、その限界を自覚しつつ静かになることができるでしょうか？　ご自分の脳の働きを観察したことがあれば、脳細胞そのものが過去の中身であることをご存じのはずです。脳のどの細胞も、昨日の記憶をもっています。なぜなら、昨日の記憶は、脳に大いなる安心を与えるからです。明日は不確実です。そして、過去のなかには確実さがあります。知識のなかには確実さがあります。ですから、脳は過去であり、したがって、脳は時間です。脳は、時間という観点からのみ、考えることができます。昨日、今日、そして、明日。明日は不確実ですが、過去は、現在を通じて、明日をより確実にします。その脳は、何千年間を通じて訓練され教育されてきた脳は、完全に静止することができるでしょうか？　どうか、まず問題を理解してください。なぜなら、問題をそのすべての含意とともに明確に、賢く、知性的に理解するとき、答えは、外ではなく、その問題のなかにあるからです。検討してみればわかりますが、すべての問題は、それ自身を超えたところではなく、それ自身のなかに答えをもっているのです。

そこで、問題はこういうことです。脳は、精神は、有機的構造全体は、まったく静止することができるでしょうか？　ご存じでしょうが、静止にもいろいろあります。二つの騒音のあいだの静止があります。二つの発言のあいだの沈黙があります。誘導された沈黙もあります。とてつもない規律やコントロールによってもたらされる沈黙もあります。そして、そのような沈黙は、すべて不毛です。それらは、沈黙ではありません。沈黙したいと願う思考の産物であり、したがって、依然として思考の領域のなかにあるのです。

どうすれば、精神は――つまりは、その全体が――動機なしに静止するでしょうか？　動機があるなら、それは、依然として思考の働きです。何が答えであるかを、みなさんが知らないのであれば、喜ばしいことです。なぜなら、このことには、とてつもない正直さが必要だからです。この次元のものではない、まったく違った次元の何かが、それがほんとうに存在するのかを見出すには、とてつもない正直さが――いっさいのごまかしがなく、したがって、何の欲求もない、そのような正直さが――必要です。その状態を見出したいと欲する瞬間に、精神は、それを発明し、幻想やビジョンのなかに囚われてしまうでしょう。そのビジョン、その経験は、過去の投影であり、どれほど魅惑的で、どれほど快楽的で、どれほど偉大でも、依然として過去なのです。

それらのすべてが、言葉の上だけでなく、実際に明確であれば、次の疑問はこうなります。意識の中身を、意識を作り上げているものを、完全に空っぽにすることはできるでしょうか？

わたしたちの日常意識の内面全体の中身は、無意識であり、そして意識です。考えられたこと、蓄積されたこと、伝統や文化、苦闘、苦痛、悲しみ、ごまかしを通じて受け取られたことです。その全体が、わたしの意識であり、みなさんの意識です。その中身がなければ、意識とは何でしょう？　自分の意識を知るのは、ひとえに、その中身ゆえにです。わたしはヒンドゥー教徒だ、仏教徒だ、キリスト教徒だ、カトリックだ、コミュニストだ、社会主義者だ、芸術家だ、科学者だ、哲学者だ。わたしは家に、妻に、友人に執着しています。諸々のイメージ、結論、思い出、つまり、五十年、百年、あるいは一万年かけて築き上げたものが、その中身です。その中身がわたしの意識であり、みなさんの意識です。その意識の領域は時間です。なぜなら、それは、思考の領域、測定——比較、評価、判断——の領域だからです。意識のその領域のなかに、わたしの意識的、あるいは無意識的な思考のすべてがあります。そして、その領域のなかのどの運動も、意識とその中身の運動のなかにあります。したがって、意識とその中身の空間は、非常に限られています。

このことを一緒に学べば、それは、わたしのものではなく、みなさんのものになります。みなさんが、あらゆる指導者から自由になり、あらゆる教えから自由になったら、みなさんの精神は学ぶでしょう。したがって、そこにはエネルギーがあり、みなさんは、見出そうとする情熱を抱くでしょう。ですが、誰かに従っているのでは、そのときは、すべてのエネルギーを失ってしまうでしょう。

意識とその中身の領域のなか、それは時間ですが、空間はとても小さいのです。その空間を想像によって、策略によって広げることはできます。それを広げようとするさまざまなプロセスによって、もっともっと微妙にもっと意図的に考えることによって広げることはできますが、それでもやはり、意識とその中身の限られた空間のなかです。それ自身を超えようとするどんな運動も、やはり、その中身のなかにあるのです。ドラッグを用いても、その結果は、依然として意識のなかの思考の活動なのです。そして、それを超えて行ったと考えても、みなさんは、依然としてそのなかにいます。なぜなら、それは、ただの観念か、あるいは、より深く中身を経験するか、であるからです。そこで、人は、その中身を見ます。それは、「わたし（me）」であり、自我（ego）であり、人格（person）、いわゆる個人（individual）です。その意識のなかには、どれほど拡大したとしても、時間と限られた空間が常に存在します。ですから、それ自身を超えた何かに到達しようとする意識的な努力は幻想を招き寄せます。真理を求めようとするなんて、とんでもないことです。何かを得る修行さえすれば、その中身のすべてを理解もせず、空っぽにもせずに、それを発見するだろう、とグルやマスターに言われたところで、盲人が盲人に導かれるようなものです。

精神はその中身であり、脳は過去であり、その過去から、思考は機能します。思考は、決して自由ではなく、決して新しくはありません。そこで、問いが生じます。その中身は、どうすれば空っぽにできるのでしょう？　方法ではありませんよ。なぜなら、誰かに与えられた方法や、あるいは、自分で発明した何らかの方法を練習したとたん、それは機械的になり、したがって、それは、依然として時間の場と限られた空間のなかにあるからです。精神はそれ自身の限界を見ることができるでしょうか？　そして、その限界の知覚そのものが、その限界の終わりとなり得るでしょうか？　どのように精神を空っぽにするのかと問うのではなく、意識を作り上げている中身を全的に見ることが、その意識の運動すべてを知覚し耳を傾けることができるでしょうか？　その結果、その知覚そのものが、それの終わりとなることは可能でしょうか？　わたしがある何かについて虚偽であると見るなら、虚偽の知覚そのものは真実です。わたしは嘘をついているという、知覚そのものは真理です。自分の羨望の知覚そのものが、羨望からの自由なのです。つまり、観察者がいないときにのみ、みなさんは、きわめて明晰に見ることができ、きわめて明晰に観察することができるのです——観察者は過去であり、イメージ、結論、見解、判断です。

それでは、精神は、その中身を、その限界を、空間の欠如を、かつまた、意識とその中身は時間に縛られているという性質を、何の努力もなしに明晰に見ることができるでしょうか？　みなさん、それができますか？　その全体性を、意識的な中身と同じく無意識的な中身も見ることができるのは、みなさんが沈黙して見つめるとき、観察者が完全に沈黙しているときだけです。それは、注意がなければならない、ということであり、その注意のなかにエネルギーがあるのです。ところが、みなさんが注意深くあろうと努力するとき、その努力はエネルギーの浪費です。コントロールを試みるとき、それはエネルギーの浪費です——コントロールは同調、比較、抑圧を意味しています——すべて、エネルギーの浪費です。知覚があるとき、注意があり、それは全的なエネルギーで、そのなかにはエネルギーの浪費はかけらもありません。

さて、みなさんがエネルギーとともに、意識と無意識の中身全体を見つめるとき、精神は空っぽになります。これは、わたしの幻想でもなければ、わたしが考えたことでもなく、わたしが達した結論でもありません。わたしが結論を出すなら、これが正しいと考えるなら、そのとき、わたしは幻想のなかにいます。そして、わたしは、それが幻想であることを知っているので、語ろうとはしないでしょう。それでは、盲人が盲人を導くようなものだからです。みなさんは自分自身でその論理を、その健全さを見ることができます。つまり、耳を傾けるなら、注意を払うなら、ほんとうに見出したいと思うなら、です。

無意識とその中身がその底まで全部をさらけ出すことは、どうすれば可能でしょう？　まず問題を見て、そこから先へ進みましょう。人生のほかのすべてと同じく、わたしたちは意識を——意識と無意識に——分断しました。この分断、この断片化は、文化や教育によって誘導されたものです。無意識には無意識の動機があり、人種的な遺産、経験があります。それを英知の光のもとに、知覚の光のもとにさらけ出すことはできるでしょうか？　みなさんがそう問いかけるとして、それは、中身を分析しようとする分析家として、したがって、分断、矛盾、葛藤、悲しみを有する分析家として、問いかけているのですか？　それとも、答えを知らずに問いかけているのですか？　そこが重要なのです。正直に、真剣に、隠された意識の構造全体をさらけ出す方法を、ほんとうに知らずに問いかけているなら、みなさんは学ぶことになります。ですが、どんな種類のものであれ、結論や見解をもっているなら、そのときは、すでに答えを、あるいは答えがないことを想定している精神とともに取り組んでいるのです。みなさんは、どこかの哲学者や心理学者や分析家のおかげで知っているかもしれません。ですが、それは、みなさんが知っているのではありません。彼らが知っているのであって、みなさんは、実際のものではないものを解釈し理解しようとしているのです。

「わたしは知らない」――これは真理であり、正直なところです――と言う精神にとって、そこには何があるのでしょう？　みなさんが「わたしは知らない」と言うとき、中身には何の重要性もありません。なぜなら、そのとき、精神は、まっさらな精神だからです。「わたしは知らない」と言うのは、新しい精神です。ですから、みなさんがそう言うとき、戯れに言うのでなく、その深さとともにあり、その意味とともにあり、正直さとともにあるなら、知らない精神のその状態は、中身が空っぽになった意識なのです。知っているなら、それは中身です。おわかりになりましたか？　「知っている」と決して言わないときの精神は、常に新しく、活き活きしていて、活動しています。したがって、まったく碇《いかり》を下ろしません。見解や結論を、そして分裂を集めるのは、碇を下ろしたときだけです。

これが、瞑想です。つまり、瞑想とは、瞬間瞬間の真理を知覚することなのです――究極の真理ではなく。瞬間瞬間に真理と虚偽を知覚する。中身が意識である、という真理を知覚する――

それが真理です。これをどうすればいいか、わたしは知らない、という真理を見る――それが真理です。知ることではありません。したがって、知らないという状態は、それには中身はありません。

恐ろしくシンプルです――みなさんは、それに異議を唱えているのですよ！　みなさんは、何か賢くて、複雑で、作り上げられたものを望んで、とてつもなくシンプルな、したがってとてつもなく美しいものを見ることに異議を唱えます。

精神は、つまり脳は、自らの限界を、時間の束縛と空間の限界を見ることができるでしょうか？人がその限定された空間と束縛された時間の運動のなかで生きている限り、必ず苦しみがあり、心理的な絶望と希望があり、それに付き従うすべての不安があります。精神がこの真理を知覚したとき、時間はどうなるでしょう？　そのときには、思考が触れることのできない、したがって記述することもできない、異なる次元があるのでしょうか？　わたしたちは、思考は測定であり、したがって時間である、と言いました。わたしたちは測定によって生きています。わたしたちの思考の構造すべてが測定をベースにしています。それは、比較です。そして、測定としての思考は、それ自身を超えて、測り得ない何かがあるかどうかを自ら発見しようと試みます。そのインチキさを見ることが真理です。真理とは、虚偽を見ることであり、虚偽とは、測り得ないものを、時間に属さないものを、意識の中身の空間にないものを、思考が探し求めることなのです。

みなさんがこのようなすべての問いかけをして、探究するなら、その途上で学ぶなら、そのとき、みなさんの精神と脳は、とてつもなく静かになります。静かにさせるための、どんな規律も、どんな教師も、どんなグルも、どんなシステムも必要ありません。

現在、世界には、さまざまな種類の瞑想があります。人は、自分がまったく知らない何かを経験することに対して、あまりに強欲で、あまりに熱心です。いまの流行はヨーガです。ヨーガは、人々を健康で幸せで若々しくするために、そして、神を発見する助けとするために、西欧世界にもたらされました——いまや、あらゆるものがそれにかかわっています。さらに、いまでは、オカルトの追求があります。とてもエキサイティングだからです。真理を追求する者、生を全的に理解しようとする者、虚偽を虚偽として見て虚偽のなかに真理を見る者——そういう人の精神にとって、オカルトに関する事柄はかなり明白で、そのような精神は、それらには触れないでしょう。わたしがみなさんの思考を読めるか、あるいは、みなさんがわたしの思考を読めるか、わたしが天使や妖精を見たり、ビジョンをもつことができるかどうかは、まったく重要ではありません。わたしたちは神秘的な何かを欲しますが、しかし、生きることのなかにある、生きることへの愛のなかにある巨大な神秘を見ないのです。それを見ないので、どうでもいいことに自分自身を費やしているのです。

このようなすべてが終わったとき、中心となる問いかけがあります。記述し得ない何かがあるのでしょうか？　みなさんがそれを記述するなら、それは、記述し得ないものではありません。時間のものではない何かが、境界のない空間としての何かが、巨大な空間をもつ何かがあるのでしょうか？　空間が限られているとき、みなさんは堕落します。空間がないところでは、みなさんは暴力的になり、ものごとを壊したくなります。みなさんは空間を欲しているのに、精神も、思考も、その空間を与えられません。周縁をもたない空間があるのは、思考が静かなときだけです。そして、すべての測定を超えた何かがあるのか、あるいは、ないのかを知るのは――知るのではなく、気づきですね――気づくのは、完全に沈黙した精神だけです。

そして、それこそが、聖なるものである、唯一のものなのです――イメージでも、儀式でも、救済者でも、グルでも、ビジョンでもありません。それだけが聖なるものであり、精神は、求めることなく、それに出会ったのです。なぜなら、それは、それ自身において、まったく空っぽだからです。新しいものは、空っぽであるところに、そこだけに起こり得るのです。

出典リスト

［新しい意識］　一九七三年九月二十四日　クリシュナムルティの日記　©1982 Krishnamurti Foundation Trust, Ltd
［注意という奇跡］　一九七五年三月二十五日　サンフランシスコにおける講話　©1975/1998 Krishnamurti Foundation Trust, Ltd
［善く生きる］　一九七九年四月七日　オーハイにおける講話　©1979/1998 Krishnamurti Foundation Trust, Ltd
［自らの内なる光］　一九六八年五月十九日　アムステルダムにおける講話　©1968/1998 Krishnamurti Foundation Trust, Ltd
［真理の探究］　一九八二年五月十六日　オーハイにおける講話　©1982/1998 Krishnamurti Foundation Trust,L td
［徳の美しさ］　一九七三年九月九日　ブロックウッドパークにおける講話　©1973/1998 Krishnamurti Foundation Trust, Ltd

［すべてのエネルギーの総和］　一九八二年二月五日　ボンベイにおける講話　©1982/1998 Krishnamurti Foundation Trust, Ltd
［永遠にして時間のない聖なるもの］　一九七九年一月十四日　マドラスにおける講話　©1979/1998 Krishnamurti Foundation Trust, Ltd
［創造とは何か?］　一九八三年九月四日　ブロックウッドパークにおける講話　©1983/1998 Krishnamurti Foundation Trust, Ltd
［意志の行動なしに生きる］　一九七八年九月三日　ブロックウッドにおける講話　©1978/1998 Krishnamurti Foundation Trust, Ltd
［既知と未知との調和］　一九七三年四月十五日　オーハイにおける講話　©1973/1998 Krishnamurti Foundation Trust, Ltd
［聖なる生］　一九七三年七月二十九日　ザーネンにおける講話　©1973/1998 Krishnamurti Foundation Trust, Ltd
［静かな精神から観察する］　一九七六年八月一日　ザーネンにおける公開対話　©1976/1998 Krishnamurti Foundation Trust, Ltd
［悟りは決まった場所ではない］　一九七三年三月十八日　サンフランシスコにおける講話　©1973/1998 Krishnamurti Foundation Trust, Ltd

［探し求めの終焉］　一九七九年九月二日　ブロックウッドパークにおける講話　©1979/1998 Krishnamurti Foundation Trust, Ltd

［純粋な観察］　一九八三年七月二十一日　ザーネンにおける講話　©1983/1998 Krishnamurti Foundation Trust, Ltd

［光は誰からも与えられない］　一九七六年七月二十五日　ザーネンにおける講話　©1976/1998 Krishnamurti Foundation Trust, Ltd

［思考が触れ得ない次元］　一九七二年九月十七日　ブロックウッドパークにおける講話　©1972/1998 Krishnamurti Foundation Trust, Ltd

訳者あとがき

本書は、*This Light in Oneself : True Meditation* SHAMBHALA Boston & London, 1999. の全訳である。『境界を超える英知——人間であることの核心——クリシュナムルティ・トークセレクション①』に続くシリーズ第二弾が、本書『真の瞑想——自らの内なる光——クリシュナムルティ・トークセレクション②』ということになる。前書がクリシュナムルティの教えの要約、いわば総論的位置づけにあったのにたいし、本書はテーマを絞った各論的トーク集と言えるだろう。

クリシュナムルティの死後、すでに三十年余りの年月が過ぎ、テーマ別に編集されたテキストが次々と世に送り出されてきた。邦訳書だけでも、『瞑想と自然』『自由とは何か』（大野純一訳：春秋社）『恐怖なしに生きる』（有為エンジェル訳：平河出版社）『いかにして神と出会うか』（中川正生訳：めるくまーる）『愛について、孤独について』（中川正生訳：麗澤大学出版会）がある。ここに本書をその一冊に加えられた喜びは、ひとしおと言うしかない。それも、「瞑想」という、深みもあれば重みもあるテーマをもとに編集されたテキストを翻訳し、世に出すことができたのだから、なおのこと感慨深いものがある。

なぜなら、訳者はこれまでの人生のかなりの時間をいわゆる「瞑想」の実践に費やしてきたからだ。個人的な話で恐縮だが、今から三十年ほど前にクリシュナムルティの本に出会い、瞑想について、これまでの思い込みを根底から覆される衝撃を受けた経験がある。さらに、訳者は仏教思想に関心があり、いつしかブッダの説く瞑想を実践するようになっていたので、この時のクリシュナムルティとの出会いは、紙の上の出会いとはいえ、人生のターニングポイントと言っていいほどの出来事だった。瞑想を実践して行く上でのもやもやが、一気に吹き飛ばされたからだ。

そのようなわけで、今回の仕事には、何やら因縁めいたものすら感じなくもない。

そこで、この場を借りて、クリシュナムルティの瞑想について、いささか駄弁を加えたい。せっかくなので、ブッダの瞑想もからめて論じさせていただくが、個人的な見解は極力控え、あくまでも解説として、読者の皆様の学びに役立つべく紙幅を費やしたい。

まず確認しておこう。クリシュナムルティは、いわゆる「瞑想」を全面否定する。いわゆる「瞑想」とは、精神集中を主な手段とするヨーガや坐禅のことだが、クリシュナムルティは、それらにたいし、門前払いと言っていいくらいの厳しい態度を示す。これは読んだとおりで、あえて論を加えるまでもない。

では、クリシュナムルティが説く瞑想とはどのようなものかと言えば、それは、気づきと注意、あるいは、観察の瞑想、ということになる。観察とは、あるがままの事実認識を言い、それには徹底して受動であることが要請され、無選択の気づきが、あるいは、全的な注意深さが、必要不可欠の要素とされる。これは、世間一般の集中瞑想が、特定のイメージを瞑想対象として設定し、それに心を集中させるやり方であるのと、好対照と言うか、まったく相容れないあり方であることがわかる。能動と受動、作為と不作為、努力と無努力、集中と無選択、限定と無限、断片と全体、既知と未知、あるべきとあるがまま、等々、両者の違いは明らかである。

何かになることを目指すのではなく、いまここのあるがままの事実に全的に気づいている。波がなく穏やかで澄み切った湖面のように静かな精神であること。クリシュナムルティの言葉では、「虚偽を虚偽と見て、虚偽のなかに真実を見て、真理を真理と見ることができる精神の成熟」（本書一一四ページ）が求められるわけだ。

観察の瞑想は、ブッダもまた説いている。ただし、ブッダの場合は、集中の瞑想を否定せず、両者の併修を勧めているところが、クリシュナムルティとの違いと言える。「止観」という仏教用語があるが、これは「止」と「観」の二語を合わせたもので、前者が集中瞑想（サマタ瞑想）で、後者が観察瞑想（ヴィパッサナー瞑想）という位置づけになる。両者あっての「止観」であるわけだ。それでも、「止」と「観」の二者については、観察の瞑想である「観」のほうが重要視され、そこにクリシュナムルティとの共通性を見て取れなくもない。念仏の「念」なども、もとはと言えば、気づいていることを意味し、現代語では「気づき」と言い換えられ、英語では「マインドフルネス」と訳されたりもするのだから、本書に説かれる観察の瞑想を、クリシュナムルティ特有のものと位置づけるのは躊躇するところではある。論より証拠、ブッダの言葉を見てみよう。テキストはＰＴＳ版を使用、いずれも拙訳である。

比丘たちよ、阿羅漢にして正自覚者たる如来には、教相によって、二つの法の説示があります。どのようなものが、二つのものなのですか。「悪を、『悪しきものである』と、〔あるがままに〕見よ」と、これは、第一の法の説示です。「悪を、『悪しきものである』と、〔あるがままに〕見て、そこにおいて、厭離し、離貪し、解脱せよ」と、これは、第二の法の説示です。（『イティヴッタカ』三三ページ）

諸々の思考〔の働き〕は、微小です。諸々の思考〔の働き〕は、微細です。精神に従い行き、跳ね回っています。精神の、これらの思考〔の働き〕を知ることなく、心が迷走している者は、あの世からあの世へと走り行きます。

しかしながら、精神の、これらの思考〔の働き〕を知る、熱情ある、気づきの者は、〔自己の心身を〕統御します。精神に従い行き、跳ね回っている、これら〔の思考の働き〕を、覚者は、残りなく捨棄しました。（『ウダーナ』三七ページ）

バーヒヤよ、それでは、ここに、このように、あなたは学ぶべきです。「見られたものにおいては、見られたもののみがあるであろう。聞かれたものにおいては、聞かれたもののみがあるであろう。思われたものにおいては、思われたもののみがあるであろう。識られたものにおいては、識られたもののみがあるであろう」と。バーヒヤよ、まさに、このように、あなたは学ぶべきです。バーヒヤよ、すなわち、まさに、あなたにとって、見られたものにおいては、見られたもののみがあるであろうことから、聞かれたものにおいては、聞かれたもののみがあるであろうことから、思われたものにおいては、思われたもののみがあるであろうことから、識られたものにおいては、識られたもののみがあるであろうことから、バーヒヤよ、そのことから、あなたは、それとともには存在しないのです。バーヒヤよ、すなわち、あなたが、それとともには存在しないことから、バーヒヤよ、そのことから、あなたは、そこにおいては存在しないのです。バーヒヤよ、すなわち、あなたが、そこにおいては存在しないことから、バーヒヤよ、そのことから、あなたは、まさしく、この世になく、あの世になく、両者の中間にも存在しないのです。これこそは、苦しみの終わりです。（『ウダーナ』八ページ）

あるがままの事実認識、つまりは気づきによる迷いからの脱却を、このように、ブッダもまた説いている。とくに最後の引用は、クリシュナムルティの有名な指摘「観察者は観察されるものである」と明らかに軌を一にしている。認識の主体は存在せず、見られたものだけがある、と説いているからである。少なくとも、訳者にはそう思われるのである。

話をクリシュナムルティの瞑想に戻すと、その特徴について、「観察」に加えて、もう一つ見逃せないものに、「ノー・メソッド（無方法）」がある。「瞑想に方法はない」と断言するのは、クリシュナムルティ独自のスタンスと言っていいだろう。これは、観察瞑想の性格上、必然と言えば言えなくもない。徹底して受動であるのに、方法は要らないからだ。能動や作為の場合、そうするための方法が必要になってくるが、無選択に受動的に気づいている場合は、方法自体がありえない。方法を選択した時点で、もはや受動的とは言えず、すでに作為が働いているからだ。

水中に沸き立つ泥の煙幕を強制的に静めることはできない。人工的な、あるいは想像上の水槽の中なら可能かもしれないが、現実の生の場では、まず不可能である。あるがままをあるがままに映し出す透明な湖面は、湖そのものが静まるしかなく、水中の泥の煙幕が静まるのは、徹底的に受動である以外に道はない。つまりは、ノー・メソッドであるわけだ。

このノー・メソッドから、グルの不要や権威の否定、自らが自らの光となる無依存のスタンスが導き出されるのは必然の成り行きであり、無方法こそは、クリシュナムルティの瞑想の一大特徴と言えるだろう。なにしろ、そうなってくると、瞑想そのものの位置づけからして、根本的に変わってくるわけで、クリシュナムルティの瞑想は、特定の場所や時間に限定されない、それどころか二十四時間いつどこでも実践できる「いまここの気づき」ということになり、世間一般に言う瞑想とは、まったく異質のものとなってくるからだ。

ちなみに、無方法であるべき理由の一つとして、特定の対象物をイメージとして想い描かないため、というのが考えられる。うえに確認したように、特定の方法がイメージとしてあるだけで、すでに作為の介入を許しているのであり、徹底した受動（無選択）とは言えない。未知であるはずのいまここを、既知の方法で探し求めたところで見つかるはずがない。盲従している方法が既知のものであることも、それが頭の中にイメージとして存在していることも、事実として、そのとおりと言うしかなく、であるなら、既知のイメージに従って〝未知のもの〟を求めること自体が、そもそもの誤りということになる。クリシュナムルティが無方法を説くのも、このような事情があるからだ。

では、クリシュナムルティは、本当に方法を説かなかったのだろうか。本書を丹念に読んでこられた方は、この問いに「否」と答えるはずだ。なぜなら、本書において、クリシュナムルティは、自らの説く瞑想の具体的な方法を各所で披露しているからだ。方法を否定するのは、それがマニュアル化されて「受け渡し可能な知識」に成り下がる事態を避けたからであり、方法を説くこと自体は、控えるどころか、残されたテキストが雄弁に語っているように、生涯を通じて積極的に行なってきたと言えるだろう。そもそもの話、無方法もまた、方法の一つなのだ。クリシュナムルティが言及する方法とは、頭の中の「方法」ではなく、実際に行為されてこその〝もの〟であり、であるなら、それは、いつどこでも通用する「既存のマニュアル」ではあるはずもなく、一回限りの〝そのときだけのもの〟であるはず。その意味では「方法」とは言い難いのだが、ここもまた論より証拠で、クリシュナムルティの実際の言葉を見てみよう。

まさに、日々の生を理解するのに、瞑想が必要なのです。それは、行なっていることに――誰かに話しているとき、自分の歩き方、考え方、考えていることに――完全に注意することであり、そこに注意を向けることは、瞑想の一つです。（本書一〇ページ）

瞑想の運動とは何でしょうか？　わたしたちは、感覚の重要性を理解しなければなりません。わたしたちのほとんどは、感覚の衝動、要求、主張に従って反応するか、行動しています。これらの感覚は、決して、全体として行為することはなく、わたしたちの感覚のすべては、決して、全体として健全に機能し作動することはありません。ご自身を観察して、ご自分の感覚を注視すれば、ある感覚か別の感覚が支配的になり、ある感覚か別の感覚が日常生活のなかでより大きな部分を占めていることがおわかりになるでしょう。ですから、感覚には、常に不均衡があります。

いま、わたしたちが見ていることは、瞑想の一つです。

感覚が全体として作動することは可能でしょうか？　海の動きを、輝く水を、いつまでも休むことのない水を見つめることは可能でしょうか？　これらの水を、すべての感覚とともに、完全に注視することは可能でしょうか？　あるいは、一本の木を、一人の人を、飛んでいる一羽の鳥を、水面を、沈む夕日を、のぼる月を、充分に目覚めているすべての感覚とともに観察し見つめることは、どうでしょう?　そうなされれば、みなさんは、感覚がそこから動き出す中心などはないことを、わたしから聞くのではなく、ご自身で発見するはずです。

こうしてお話ししているとき、みなさんは、それをなさっていますか?（本書六八ページ）

みなさんが朝、窓の外に目をやり、とてつもなく美しい朝の光を、遠い山々を、そして水面の光を見るなら、そして言葉なしに、「なんて美しいんだろう」とつぶやいたりせずに観察するなら、完全に観察して、その観察のなかで全面的に注意深くあるなら、みなさんの精神は完全に静かであるはずです。そうでなければ観察できず、聞くこともできません。ですから、瞑想とは、完全に注意深くあり、沈黙している精神の質なのです。そのときはじめて、みなさんは、花を、その美しさを、その色を、形を見ることができます。そのときはじめて、みなさんと花のあいだの距離がなくなります。みなさんが花と自己同一化するのではなく、みなさんとその花のあいだに存在する時間の要素が、距離が消えるのです。（本書一一五ページ）

みなさんは彼女を、あるいは彼を、川を、初めて見るように見るのです。おわかりでしょうか。朝、目覚めて窓の外に目を向け、山々や渓谷や木々を、緑の畑を見るとき、自分が生まれたばかりであるかのように見るなら、それは、なんと驚くべき光景であることか。それは、どんなバイアスもなしに観察すること、どんな結論も偏見もなしに観察することを意味しています。（本書一三六〜一三七ページ）

観察が起こり得るのは、まさに行為しているときだけです——怒っているとき、強欲になっているとき、それをそのまま観察するのです。これは、非難しないこと、判断を下さないこと、それを注視し、それが花開いて消えていくままにすることを意味します。（本書一四八ページ）

このように、明らかに方法を説く言葉が残されている。ほかにも、「気づきが生じ得るのは、関係性のなかで自分の反応を観察するときだけです。どこかに出かけて木の下に座ったところで、自分を観察することはできません」（本書一二九ページ）などの記述が随所に登場し、実践上のアドバイスを提供している。この問題に関して、他のテキストではあるが、面白いエピソードがあるので引用してみよう。以下は、ある求道者の手によるクリシュナムルティとの個人的な面談記録である。

私はそこで、次のようにたずねた。「しかし、見るとはどういう意味ですか？　いかにして見たらよいのですか？」

「こういう具合に」と彼はいった。そしてそれから彼は、テーブルの上に置かれていた花瓶の中の一輪の花を熱心に見つめはじめた。彼を観察しているうちに、私は、彼が自分自身を空しくしつつあり、また彼とその花の間に一種独特の雰囲気がかもし出されたように感じはじめ、また花と彼自身の双方から何かが抽出されて、それが、明らかにそのあたりではなく、どこか他の場所で出会っているように思われた。

それからクリシュナムルティは、私の手を見つめた。そうされているうちに、私は、彼が私の手を運び去っていったのだから、それを決して取り戻すべきではないと思いはじめた。やがて彼は、非常に美しい微笑を浮かべた。（ミゲール・セラノ著　大野純一訳『楽園の蛇』平河出版社：二〇一ページ）

講話のなかで、聴衆に「『どのように』とは尋ねないでください」と言い続けたクリシュナムルティだったが、このような個人的な面談では、相手のリクエストに真正面から応じている。それも、実演する、という形で。せっかくなので、さらに他のテキストから、瞑想の方法を説くクリシュナムルティの言葉を紹介しよう。皆様の大いに参考になると思う。

注意をする、注意を払うとは、どういう意味かわかっているだろうか。注意を払うと、ものごとがもっとはっきり見えてくるのだ。鳥たちの鳴き声がもっとはっきり聞こえてくる。さまざまな音の違いがわかるようになる。十分に注意深く木を見つめれば、木の美しさ全部が見えてくる。木の葉や小枝が見え、それらに風が戯れているのが見えてくる。こんなふうに、注意を払えば、ものごとがとてつもなくはっきりと見えるようになるのだ。そういうふうに、注意を払ったことがあるだろうか。注意は、精神集中とは違う。集中しているときには何も見えていないのだ。だが、注意を払っているときには、実に多くのことが見えてくる。さあ、注意を払ってごらん。あの木を見つめ、影を、そして風にそよぐ葉を見つめなさい。あの木の姿を見つめなさい。その木と他の木々との高低の違いを見つめなさい。葉を透ける光、枝と幹の上の光の性質を見つめなさい。木の全体性を見つめなさい。（J・クリシュナムルティ著　大野純一訳『英知の教育』春秋社：六〜七ページ）

まず完全に静かに、ゆったりと坐りなさい。とても静かに、リラックスして坐ったら、木や丘や丘の形を見つめ、どんな性質の色をしているか観察してみなさい。私に頼らず、自分で工夫してこれらの木、黄変しつつある木、タマリンドをよく見、それからブーゲンビリアを見つめてみなさい。精神ではなく目でもって見つめるのだ。大地、丘、岩、影といったもののすべての色や形を見終わったら、次に外から内に転じて、両目をすっかり閉じなさい。外の事物を見終わったので、今度は内部で起こっていることを見つめることができるはずだ。自分のなかで何が起こっているか観察してみなさい。考えずに、ただ観察してみるのだ。眼球を動かさずに、それらをじっと静かにし続けるのだ。なぜなら自分のまわりのものはすべて見終わったので、今度は自分の精神のなかで何が起こっているか見る番だからだ。そしてそのためには、自分の内部がとても静かでなければならないからだ。するとどういうことが起こるだろう？　外部と内部のものごとに対してとても敏感、鋭敏になる。すると外部は内部であること、観る者は観られるものであることを見出すことだろう。（上掲書：二九〜三〇ページ）

まず初めに、非常に静かに坐りなさい。ただし無理に自分を静坐させるのではなく、どんな強制もなしに静かに坐るか、横になるかすること。いいですか。では自分の思考を見守ってみなさい。自分が何を考えているか見守ってみなさい。すると君たちは自分の靴やサリーについて、自分が何を言おうとしているか、その鳴き声が君たちの耳に入ってくる鳥について考えていることがわかる。そのような思考をたどって、なぜそれぞれの思考が起こるのか調べてみなさい。自分の思考を変えないように心がけなさい。なぜある一定の思考が自分の精神の中に起こるのかを見ることによって、あらゆる思考と感情の意味をいかなる強制もなしに理解しはじめるようにしてみなさい。で、ある思考が起こっても、それを咎めたり、それが正しい、いやまちがっているというふうに善い悪いの判断を交えないで、ただ見守るようにし、それによってあらゆる種類の思考、感情を見る際に働く知覚、意識を持ちはじめるように心がけてみなさい。すると君たちは、どんな歪曲もなしに、どんな正邪善悪の判断もなしに、あらゆる隠れた秘密の思考、あらゆる隠れた動機、あらゆる感情を知ることだろう。そのように非常に深く深くのぞき込み、調べていくにつれて、君たちの精神はとてつもなく精妙で、生き生きしてくる。精神のどの部分も眠り込んでいない。精神は完全に目覚めている。（上掲書：五七〜五八ページ）

君が言葉、イメージなしに、そして完全に注意深い精神でもって花を見つめるとき、君と花とはどんな関係にあるだろう？　やってみたことがあるかな？　「それはバラだ」と言わずに花を見つめたことがあるだろうか？　どんな言葉もシンボルも交えず、花に名前をつけたりしないで、全的な注意を傾けて花を見たことがあるだろうか？　そうするまでは、君は花と関係を持つことはない。他人あるいは岩や葉といったものと関係を持つためには、完全な注意を払って見守り、観察しなければならない。すると君と君が見ているものとの関係は、すっかり変わるのだ。観察者がすっかりいなくなり、事実だけが残る。もしそのように観察すれば、そこには意見も判断もない。ものごとがそのあるがままにある。わかったかな？　そのようにしてみなさい。そのようにして花を見てみなさい。それについて話していないで、実行してみなさい。（上掲書：七三ページ）

クリシュナムルティの瞑想の解説、ということで書き進めてきたが、百聞は一見に如かず、オリジナルの言葉には千金の重みがある。解説を加える気が削がれてしまった。

ここで気分を変えて、仏教のテキストを紹介しよう。うえに、「ブッダの瞑想もからめて論じさせていただく」と書いた手前もある。と言っても、ブッダの直接の言葉ではない。ブッダの日常を描写した初期仏教経典のテキストで、気づきの瞑想実践者としてのブッダの一面が活写されている。クリシュナムルティの言う「人生におけるすべてを、日常生活におけるすべてを、正しい場所に置く」（本書一〇ページ）とは、自己のこのようなあり方を言うのではないだろうか。

また、まさに、尊きゴータマ（ブッダ）は、赴きつつあるなら、まさしく、右足によって、最初に進み出ます。遠過ぎないところに足を引き揚げ、近過ぎないところに足を置きます。急速過ぎずに赴き、緩慢過ぎずに赴き、しかして、脛と脛を相打ちながら赴かず、さらには、踝と踝を相打ちながら赴きません。赴きつつあるなら、腿を上に向けず、腿を下に向けず、腿を内に向けず、腿を外に向けません。また、まさに、尊きゴータマは、赴きつつあるなら、下半身だけが動き、しかして、身体の力で赴きません。

また、まさに、尊きゴータマは、眺め見ているなら、まさしく、全身をもって眺め見ます。上を眺め見ず、下を眺め見ず、しかして、見回しながら赴かず、さらには、一尋（約二メートル）ばかりを見ます。しかして、そののち、彼には、より上なるものとして、覆いなき知見があります。

彼は、家の中に入りつつあるなら、身体を上に向けず、身体を下に向けず、身体を内に向けず、身体を外に向けません。遠過ぎることもなく近過ぎることもないところにある坐へと赴き、しかして、手で支えて坐に坐らず、さらには、坐に身体を投げ入れません。

彼は、家の中で坐っているなら、手による無作法を起こさず、足による無作法を起こさず、しかして、脛に脛をのせて坐らず、さらには、踝に踝をのせて坐らず、かつまた、手で顎の骨を受けて坐りません。

彼は、家の中で坐っているなら、驚愕せず、振動せず、動揺せず、恐慌しません。驚愕なき者として、振動なき者として、動揺なき者として、恐慌なき者として、身の毛のよだちを離れ去った者として、しかして、遠離の境地にある者として、尊きゴータマは、家の中に坐ります。

彼は、鉢の水を収め取っているなら、鉢を上に向けず、鉢を下に向けず、鉢を内に向けず、鉢を外に向けません。鉢の水を少しでもなく多くでもなく収め取ります。

彼は、鉢をきゅるきゅると音をたてて洗い清めず、鉢を遍く転起させて洗い清めず、鉢を地に置いて両の手を洗い清めず、両の手が洗い清められたときは、鉢が洗い清められたものとなり、鉢が洗い清められたときは、両の手が洗い清められたものとなります。鉢の水を遠過ぎることもなく近過ぎることもないところに捨て放ちます――しかしながら、撒き散らすことなく。

彼は、飯を収め取っているなら、鉢を上に向けず、鉢を下に向けず、鉢を内に向けず、鉢を外に向けません。飯を少しでもなく多くでもなく収め取ります。

また、まさに、尊きゴータマは、香味を、〔しかるべき〕香味の量をもって食し、しかして、握り飯を、香味とともに摂りません。また、まさに、尊きゴータマは、握り飯を、二回、三回と、口において等しく遍く転起させて飲み下します。しかして、彼には、何であれ、諸々の飯粒が、混合されずに身体に入ることはなく、さらには、彼には、何であれ、諸々の飯粒が、口に残っていないなら、そこで、他の握り飯を摂取します。

また、まさに、尊きゴータマは、味の得知者として、食を食します――しかしながら、味の貪欲の得知者としてではなく。

また、まさに、尊きゴータマは、八つの支分を具備した食を食します。すなわち、戯れのためではなく、驕りのためではなく、装うことのためではなく、飾ることのためではなく、この身体の、止住のために、保持のために、悩害の止息のために、梵行の資助のために、まさしく、そのかぎりにおいて。「かくのごとく、しかして、わたしは古い苦痛を打破するであろうし、さらには、新しい苦痛を生起させないであろう。しかして、生命の保持が、わたしにあるであろう。さらには、罪過なき生が、かつまた、平穏な暮らしが」と。

彼は、食事を終え、鉢の水を収め取っているなら、鉢を上に向けず、鉢を下に向けず、鉢を内に向けず、鉢を外に向けません。鉢の水を少しでもなく多くでもなく収め取ります。

彼は、鉢をきゅるきゅると音をたてて洗い清めず、鉢を遍く転起させて洗い清めず、鉢を地に置いて両の手を洗い清めず、両の手が洗い清められたときは、鉢が洗い清められたものとなり、鉢が洗い清められたときは、両の手が洗い清められたものとなります。鉢の水を遠過ぎることもなく近過ぎることもないところに捨て放ちます——しかしながら、撒き散らすことなく。

彼は、食事を終え、鉢を地に置きます——遠過ぎることもなく近過ぎることもないところに。しかして、鉢に用なき者としてあるのでもなく、かつまた、鉢にたいし限度を超える守護者としてあるのでもなく。

彼は、食事を終え、寸時のあいだ、沈黙して坐ります。しかしながら、随喜の時を過ぎ行きません。彼は、食事を終え、随喜します。その食事を非難せず、他の食事を希求しません。何はともあれ、法話によって、その衆に、〔真理を〕見示し、受持させ、〔あるいは〕激励し、感動させます。法話によって、その衆に、〔真理を〕見示し、受持させ、〔あるいは〕激励し、感動させて、坐から立ち上がって、立ち去ります。急速過ぎることも緩慢過ぎることもなく赴きます。かつまた、別れを欲する者として赴くこともありません。

しかして、尊きゴータマの身体において、衣料は高過ぎることも低過ぎることもなく、さらには、身体に付着することも離去することもありません。しかして、尊きゴータマの衣料を風が身体から運び去ることはなく、しかして、尊きゴータマの身体に塵や埃は着きません。

彼は、聖園に至り、設けられた坐に坐ります。坐って、両の足を洗います。しかしながら、尊きゴータマは、足を装うことに専念する者ではありません。彼は、両の足を洗って、坐ります——結跏を組んで、身体を真っすぐに立てて、全面に気づきを現起させて。

彼は、まさしく、自己の加害を思い考えず、他者の加害を思い考えず、両者の加害を思い考えません。尊きゴータマは、自己と他者の両者の利益を、まさしく、一切の世の人々の利益を、思い考えながら坐ります。

彼は、聖園に至り、衆のなかで法を説示します。その衆を賞揚せず、その衆を叱責せず、何はともあれ、法話によって、その衆に、〔真理を〕見示し、受持させ、〔あるいは〕激励し、感動させます。また、まさに、尊きゴータマの口からは、八つの支分を具備した話し声が放たれます。明瞭で、識知でき、美妙で、必聴にして、円滑で、拡散せず、深遠で、雄大なるものとして。また、まさに、すなわち、尊きゴータマが衆に声をもって伝えるままに、しかして、彼の話し声は、衆より外に放たれません。彼らは、尊きゴータマによって、法話によって、〔真理を〕見示され、受持させられ、〔あるいは〕激励され、感動させられ、坐から立ち上がって、立ち去ります――まさしく、〔尊きゴータマを〕眺め見ながら、捨て去り難い状態で。（『マッジマ・ニカーヤ2』一三七〜一四〇ページ）

ちなみに、ブッダが瞑想の方法を説いたことは誰もが認める事実であり、クリシュナムルティとの明確な違いと言えるだろう。ブッダの死後、今日に至るまで、ブッダが説いた瞑想方法を実践する仏教者は跡を絶たず、それが何よりの証拠となるからだ（上述のように、訳者もまた、その一人だった）。ただし、クリシュナムルティは、以下のように明言する。

対話者　仏陀はそうだったように思われますが、彼は気づき（アウェアネス）を高める技法を残し、多大の感化を及ぼしてきました。

クリシュナムルティ　彼は技法など残しえなかったはずです。彼の死後、たぶん弟子が結集して理論体系を築いたのです。仏陀自身はおそらく、「私の処に逃げ込め」とは言わなかったはずです。方式、体系は彼の死後に生まれたのです。（J・クリシュナムルティ著　大野純一訳『私は何も信じない　クリシュナムルティ対談集』コスモス・ライブラリー：二〇〇ページ）

訳者としては、クリシュナムルティのこの言葉を、無方法についての妥協なきスタンスを示すもの、と理解したい。クリシュナムルティも方法を説いたことは、上記引用のとおりであるし、問題なのは、その方法をイメージ化し、ルーティン化し、マニュアル化し、知識化し、記憶化し、対象化するあり方、いまここのあるがままから逸脱する「二元的あり方」であるからだ。ほかならぬ訳者がマニュアル化した実践の無意味さを思い知らされたのも、ひとえにクリシュナムルティのおかげだった。

実践上の問題ということで、ここで老婆心ながら付言しておこう。クリシュナムルティの使う言葉では、「方法」と同じく、「努力」もまた、厄介な問題をはらんでいる。努力を否定する文章が幾度となく登場するので、「努力不要論（何もしないでオーケー）」を説くものと誤解されかねないからだ。あくまでも、意図的で作為的な努力、動機や目標あっての努力が否定されるのであり、「近道はいっさいなく、人は精進しなければなりません。自分が何をしているのか、何を考えているのかについて、何の歪曲もなしに、しっかり気づいていなければならないのです」（本書一一三ページ）とあるように、何の努力もなくタナボタ式に事が成就するはずがない。くわえて、「山に登りたいのであれば、訓練し、日々に鍛えるしかありません。もっともっともっと登るのです。すべてのエネルギーを、そこに注がなければならないのです。すると、思考以上の何かがあるかどうかを見出さなければならない、という必要性そのものがエネルギーを生み出し、そして、思考を終わらせます」（本書一四二ページ）とあるのも見逃せない。

「思考」もまた、誤解を生みやすい言葉の一つと言える。思考が各所で問題視されているのは読んだとおりだが、思考のすべてが問題ではなく、思考には思考の持ち場があることは、クリシュナムルティ自身が繰り返し指摘するところである。「わたしたちは完全に独りで立つことができるのでしょうか？　それは、比較がまったくない、ということを意味しています――植物のようになる、という意味ではありませんよ」（本書六ページ）とあるのも、思考を一方的に敵視する実践者の存在を想定しての発言と考えられる。植物のような無思考状態を是とする、そのような実践者は、極端な「知性不要論」や「実践至上主義」に、あるいは「神秘主義的直観論」みたいな誤解に陥りかねない。自分勝手に早合点して、知的な理解もなく、いきなり思考を止めようとしても、空振りに終わるだけであり、結果は出ない。論理的で合理的な理解を踏まえ、その上で思考の限界を納得し、それを超えるあり方を実感してこその、思考を終わらせる話となる。思考を正しく使いこなせない段階で「思考の超越」を目指しても、無謀な企てと言われかねない。「時間」

や「記憶」についても同様であるのは、お察しのとおりである。

このように、「方法」や「努力」が、言葉上の否定とは裏腹に、まったくの全面否定とは言えないあり方で提示されているのだが、これは、仏教に言う中道のあり方とも一脈通じるのではないだろうか。有でもなく無でもない（あるいは、苦でもなく楽でもない）中のあり方、両極を峻拒する非二元的なあり方こそが、クリシュナムルティの真意であるように思えるのである。「無選択の気づき」も、「全的な注意」も、実践方法と言えなくもなく、両極に片寄らないバランスの取れた中庸のあり方として理解するとき、その意味するところが、より鮮明になるはず。「理解するなかで、無秩序を見つめながら、注意深くあり、無秩序に無選択に気づいているなかで、秩序は自然に、容易に、何の努力もなしに現われます」（本書一一七～一一八ページ）とあるように、気づきと注意あってこその秩序であり、無努力ということになる。

本書の各所で言及される「ただ観察する」あり方も同様である。「ただそれに気づいていて、変えようとせず、改めようとせず、変容させようとか、それから自由になろうとせず、ただ観察するのです。その観察のなかで、意識の中身全体を歪曲なく明晰に見ることが、瞑想の始まりであり、終わりなのです。最初の一歩は、最後の一歩です」（本書一一四～一一五ページ）とあるのも、まさに、無方法の方法としての中のあり方が示されている。いかがであろうか。

おわかりいただけると思うが、ここに方法の有無について駄弁を重ねてきたのは、その真偽を問うためではない。もちろん、クリシュナムルティの瞑想方法に関する理論体系を築くためでもない。クリシュナムルティの言う〝測り得ないもの〟に読者の皆様が出会うための資助となるべく、そのヒントを提供させていただいただけであり、その付言として、極端から極端に走る錯誤について言及したのであるが、そこのところは、是非ともご理解を願いたい。

「どんな方法がいいんだろう」と迷う気持ちは、真剣な実践者であるなら、誰しもである。本書が、その迷いを吹っ切って一歩を踏み出すきっかけとなることを願いつつ、長すぎた拙文に区切りをつけたい。「それについて話していないで、実行してみなさい」である。

以上、瞑想について、長々と書いてきた。ほかにも、変容のプロセスとメカニズムについて、詳細な言及が随所に見られるのが、本書の読みどころ（学びどころ）と言えるだろう。さすがにもう解説は控えるが、皆様の学びにとって大いに役立ったはずである。もちろん、訳者にとってもだった。

前作同様、本作もまた、コスモス・ライブラリー社の大野純一氏には、そして共訳者である吉田利子さんにも、多大なるご教示とご助力を頂戴した。いまにして思えば、今回の仕事のみならず、これまでの長きにわたり、お二方の訳業を学びの糧とさせていただいた。このことも含めて、ここに謝意を申し述べたい。クリシュナムルティの貴重な教えを世に広める仕事はかけがえのないものであり、その一翼を担えたことは幸せ以外の何ものでもない。この仕事に関係されたすべての皆様に、重ねて謝意を申し述べたい。いまはただ、本書が一人でも多くの方の手に届き、学びの糧となることを祈念するだけである。合掌。

二〇一七年四月八日　花まつりの日に

正田　大観

著者・訳者プロフィール

■著者プロフィール

J・クリシュナムルティ（J. Krishnamurti）

一八九五年、南インドに生まれる。神智学協会において来るべき世界教師としての教育を受け、〈星の教団〉の指導者となるが、一九二一年、「真理はそこへ通じるいかなる道も持たない領域である」として同教団を解散。以降、あらゆる権威や組織によらず、独力で真理を探究することの重要性を説き、さまざまな講話や対話を行いながら世界各地を巡った。その一貫した懐疑の精神と透徹した語りは、幅広い聴衆に深い影響を与えてきた。オルダス・ハクスレーやデヴィッド・ボームを始め、交流を深めた知識人も多い。一九八六年、カリフォルニア州にて逝去。

■共訳者プロフィール

吉田利子（よしだ・としこ）

一九四六年生まれ、埼玉県出身。東京教育大学文学部卒業。訳書に『日はまた昇る』『孫子もタマげる勝利術』（草思社）、『火星の人類学者』（早川書房）、『神の使者』（河出書房新社）、『いちばん大切なこと。』（PHP研究所）、『引き寄せの法則　エイブラハムとの対話』（ソフトバンククリエイティブ）、『ニュー・アース』『神との対話』シリーズ（サンマーク出版）などがある。

正田大観（しょうだ・だいかん）

一九五九年生まれ、東京都出身。上智大学法学部卒業。大谷大学大学院仏教科修士課程修了。著書に『ブッダのまなざし』などあり（ただし現在は絶版）。経典翻訳をライフワークとし、小部経典を全訳。現在、電子書籍（キンドル版）にて、翻訳集「ブッダの福音」（http://khuddakanikaya.evolving.asia/）、著作集「ブッダのまなざし」（http://shoda-daikan.evolving.asia/）を刊行中。関西各地でパーリ語を教えるかたわら仏教教室を開催し、初期仏教の普及につとめる。

真の瞑想：自らの内なる光
クリシュナムルティ・トーク・セレクション②
This Light in Oneself : True Meditation

2017年11月22日　　第1刷発行

発行所　　㈲コスモス・ライブラリー
発行者　　大野純一
〒113-0033　東京都文京区本郷3-23-5　ハイシティ本郷204
電話：03-3813-8726　Fax：03-5684-8705
郵便振替：00110-1-112214
E-mail：kosmos-aeon@tcn-catv.ne.jp
http://www.kosmos-lby.com/
装幀　　瀬川　潔
発売所　　㈱星雲社
〒112-0012　東京都文京区水道1-3-30
電話：03-3868-3275　Fax：03-3868-6588
印刷／製本　シナノ印刷㈱
ISBN978-4-434-24080-5 C0011
定価はカバー等に表示してあります。

J・クリシュナムルティ著／正田大観＋吉田利子共訳

『境界を超える英知――人間であることの核心――クリシュナムルティ・トーク・セレクション❶』

教えの真髄をこの一冊に凝集――クリシュナムルティのラディカルな人生観を新しい仕方で提示

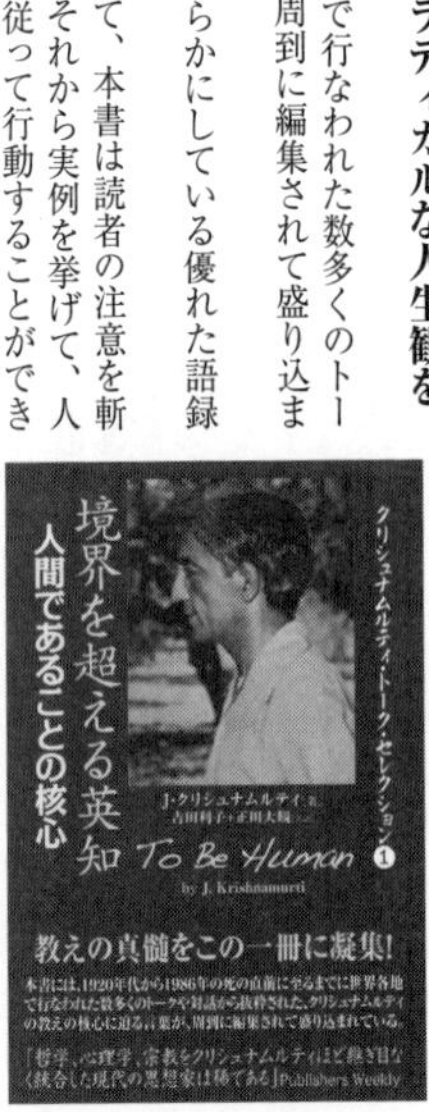

本書には、1920年代から1986年の死の直前に至るまでに世界各地で行なわれた数多くのトークや対話から抜粋された、クリシュナムルティの教えの核心に迫る言葉が、周到に編集されて盛り込まれている。

本書は、真理の性質、およびそれを見るのを妨げている様々な障害物を明らかにしている優れた語録である。

また、クリシュナムルティのメッセージの核心を提示していることに加えて、本書は読者の注意を斬新な言い回し、「古い言葉に新しい解釈を加えて」用いる仕方に向けさせ、それから実例を挙げて、人生それ自体についてのわれわれの理解を明確にし、そしてこの新しい理解に従って行動することができるようになることを示している。

本書の編集者デヴィッド・スキットによる秀逸な序文は、知識と経験へのガイドとしてのクリシュナムルティの哲学について、ならびに知識と経験がわれわれの人生において果たすべき役割、およびそれが放棄されて、「新たに見、そして行動する」ことが最善である時について論じている。

「哲学、心理学、宗教をクリシュナムルティほど継ぎ目なく統合した現代の思想家は稀である」Publishers Weekly

第一部：教えの真髄

◎聞くこと◎教えの真髄◎真理は道なき地である◎個人的な見解とは別の真理というものがあるのだろうか？◎終わりのない観察があるだけである◎知識依存症の人は真理を発見できない◎どんな技術もありません◎関係性という鏡を通して真理を見出さなければならない◎人間は自分自身のなかに安全柵としてのイメージを作り上げている◎イメージの重荷が思考、関係性、そして日常生活を支配している◎過去の奴隷であることからの解放◎思考は常に限られている◎意識の中身が人の全存在である◎生の知覚は、すでに精神に確立されている概念によって形づくられる◎人間としてのユニークさは、自分の意識の中身からの完全な自由のなかにある◎無選択の気づき◎自由は日々の生活と活動への無選択の気づきのなかに見出される◎思考は時間である◎時間は心理的な敵である◎観察のなかで、人は自由の欠如を発見し始める◎精神の根源的な変容◎全的な否定は肯定の核心である◎思考する者と思考、観察者と観察されるものとのあいだの分断◎観察者と観察されるものとのあいだの分断は幻想です◎鏡を壊す

第二部：言葉と意味

◎言葉◎意味

第三部：行為しないことを通じた行為

◎観察する行為◎「あるがまま」とともにとどまる◎基本的な問いかけをするが、答えない◎知らないことの美しさ◎たびたび議論される事柄
〈2160円〉

J・クリシュナムルティ著／正田大観＋吉田利子共訳／大野純一監訳

『ブッダとクリシュナムルティ――人間は変われるか?』

著名な仏教学者らとの白熱の対話録

「あなたはブッダと同じことを言っているのではありませんか?」という第一対話を皮切りに、第一部「五回の対話」ではスリランカのテーラワーダ仏教の学僧ワルポラ・ラーフラや理論物理学者デヴィッド・ボームらとクリシュナムルティとの間に、自我のない心の状態、自由意志、行動、愛、自己同一化、真理、死後の生について、洞察に満ちた対話が展開されている。

第二部「なぜわたしたちは変われないのか?」には、人間の意識の根源的な変化・変容を促すための講話と質疑応答が収録されている。

ブッダとクリシュナムルティを結ぶ線上に、根源的な意識変容の可能性を探る

第一部　五回の対話
第一対話：あなたはブッダと同じことを言っているのではありませんか?
第二対話：自我のない心の状態はあり得るか?
第三対話：自由意志、行動、愛、そして自己同一化と自我
第四対話：真理とは何か
第五対話：死後の生

第二部　なぜわたしたちは変われないのか?
◎結果を期待する◎悟りの誘惑◎自分の条件づけを見る◎無秩序と心◎「ありのまま」の否定◎恐怖と欲望の役割◎圧力をかけられただけでは、わたしたちは変わらない◎執着の破壊性◎「何かべつのことをすべきだ」◎どんなふうに聞いていますか?
〈2376円〉

マイケル・クローネン著／大野純一訳

『［新装・新訳版］キッチン日記――J・クリシュナムルティとの1001回のランチ』

キッチンで料理を提供し、D・ボームなどの会食者たちと歓談するかたわらで綴られた、精緻にして長大なクリシュナムルティ随聞記

インドでは、古来食べ物はブラフマン（意識）だと言われてきた。『キッチン日記』は、当代の最も偉大な賢者の一人の意識の中で揺れ動いている気分ならびに精神の微妙な陰影への洞察をあなたに与えてくれる。

一連のランチメニューに順次目を通しながら本文を読み進めていくうちに、あなたは、多くの人々に影響を与えてきたこの偉大な存在のパーソナリティの中にある複雑さ、単純さ、そしてユーモアを体験するであろう。

――ディーパック・チョプラ（『富と成功をもたらす7つの法則』の著者）

マイケル・クローネンの『キッチン日記』は、クリシュナムルティと彼の客たちにシェフとして菜食料理を提供した著者による、一九七五年から一九八六年までの出来事の優れた記録である。この伝記的ポートレートは、クリシュナムルティを聖人扱いしようとする様々な企てへのタイムリーな矯味薬である。ランチ中の打ち解けた会話からの記述と引用は、読んで楽しいだけでなく、真剣に考察するに値する。クリシュナムルティの教えのエッセンスの多くが、本書全体にちりばめられている。

メニューが添えられている菜食料理を想像しながら、会食者たちと共に間接的に味わう人は誰であれ、それに満喫させられるだけでなく、スピリチュアルな滋養も与えられることだろう。

――アラン・W・アンダーソン（サンディエゴ大学宗教学部名誉教授）

クリシュナムルティの最も深い理解者の一人による、手作りの菜食料理とジョークによって趣を添えられた、機智に富んだ回顧録。

第13章　様々な精神の出会い■第14章　思考の糧■第15章　人生のミステリーへの鍵？■第16章　空《くう》のエネルギー■第17章　すべてのエネルギーの結集■第18章　対話の極致■第19章　創造性■第20章　鷲の飛翔

第4部　善性の開花

第21章　地上の平和■第22章　内的なものの科学者■第23章　長い別れ■第24章　最後の日々

〈2700円〉

デヴィッド・ボーム著／大野純一訳

『ボームの思考論――知覚を清め、洞察力を培う』

稀有の科学者が思考の本質に迫る

本書は、1990年11月31日から12月2日にかけてカリフォルニアのオーハイで開催された、連続5セッションから成るセミナーの録音を書き起こし、ボーム自身が編集した上で刊行したものである。

ボームは、〝システムとしての思考〟の構造・性質・本質を、参加者たちとのQ＆Aを通して探究し、それが人類が直面している危機にどのように関わっているのか、解決への糸口はあるのか、等々について、〝ダイアローグ〟や〝自己知覚〟を含む様々な角度から懇切丁寧に解説している。

本書において理論物理学者デヴィッド・ボームは、個々人のアイデンティティについての内省から、許容可能な文明を形作るための集合的努力まで、人間の営為のあらゆるレベルでの思考と知識の役割を主題として取り上げている。最初に『全体性と内蔵秩序』中で提起された精神と物質の諸原理について詳しく述べたボームは、思考過程は外界の中の〝あそこにある〟事物について中立的に報告するという考えを退ける。彼は、その中で思考がわれわれの知覚形成、意味の感覚および日常的行為に能動的に関与する仕方を探査する。彼は、集合的思考と知識があまりにも自動化されてしまったので、われわれはそれらによって大部分コントロールされており、その結果真正さ、自由および秩序を喪失するに至っている、と示唆している。（「諸言」より）

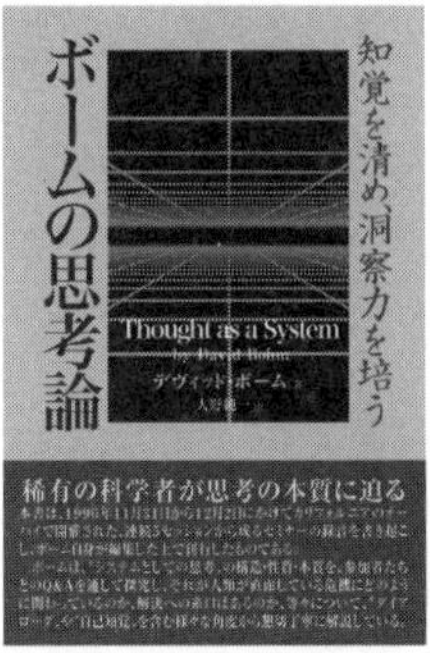

こういったすべてのトラブルの元凶は何なのでしょう？　それが、実は、過去数年間におけるすべてのダイアローグにおいてわたしたちが関心を払ってきたことです。わたしは、その源は、根本的に、思考の中にあると申し上げています。多くの人は、そのような発言は気違いじみている、なぜなら、思考は、わたしたちが問題を解決するために持ち合わせている当のものだからだ、と思うことでしょう。そういう思い込み（assumption）はわたしたちの伝統の一部なのです。けれども、わたしたちが自分たちの問題を解決するために用いる当のものが、それらの問題の元凶であるように思われるのです。それは、医師に診てもらいに行って、かえって彼にあなたを病気にさせるようにするようなものです。事実、診療例の二〇パーセントにおいて、わたしたちはどうやらそういう目に遭うようなの

です。が、思考の場合には、それは二〇パーセントを優に超えているのです。

わたしたちの問題の原因がわたしたちに見えない理由は、それらを解決するためにわたしたちが用いる手段がそれらの原因だからだ、とわたしは言っているのです。それが初耳である人にとっては、それは奇妙に聞こえるかもしれません。なぜなら、わたしたちの全文化は思考をその最高の達成物として誇りにしているからです。わたしは、思考の達成物が取るに足りないと示唆しているわけではありません。技術、文化、およびその他の様々な仕方で非常に偉大な達成物があることは確かです。が、それには、わたしたちの破壊に行き着く他の側面があり、わたしたちはそれを調べてみなければなりません。

では、思考のどこが問題かについてお話ししたいと思います。（本書「第1セッション」より）

〈2376円〉

大野純一編訳

『白い炎――クリシュナムルティ初期トーク集』

あたかも古代緑地から来るかのような風がさわやかに吹き渡り、深い平和があたりを領している〝本然の生〟。クリシュナムルティによれば、現代人の不幸の根本原因はそのような生から切り離されてしまったことにある。それゆえ、彼は本然の生の実現を妨げているさまざまな要因をあばき、われわれ一人ひとりの中にある潜在能力を呼び覚まし、日常生活をそのような生を実現するための喜ばしい〝発見の場〟として用いるよう促す。付「クリシュナムルティの言葉」

〈2100円〉

大野純一著編訳

『片隅からの自由――クリシュナムルティに学ぶ』

限りなく異常の度を加えつつある現代世界の中で正気を保つためには、もはや「正常（ノーマル）」であるだけでは不十分であり、「超正常」な生き方を実現することが急務となっている。そのため、典型的な超正常者としてのクリシュナムルティの歩みを、まず初期から第二次大戦後にかけておこなわれた代表的トークによってたどる。次に、一九七〇年前後のトークに傾聴することによって、彼の教えの核心に迫る。そして最後に、「学び」の可能性を様々な角度から模索することによって、超正常な生き方の実現に不可欠の気づき・観察・洞察力を磨くための手がかりをつかみ、新たな学びの精神を培うことをめざす。

〈2310円〉

アリエル・サナト著／大野純一＋大野龍一共訳

『クリシュナムルティとは誰だったのか――その内面のミステリー』

クリシュナムルティには〝プロセス〟と呼ばれる不可解な身体的苦痛を伴う体験があった。それは一体何を意味するのか？　また、彼は通常思われているように本当に神智学的な思想を否定していたのか？　著者は膨大な資料を駆使しながら、これらの問題に深く探りを入れる。そして、「永遠の哲学」という広い視野から彼の人物・思想を捉え直し、「新時代の告知者」としての明確な位置づけを与えようとする。クリシュナムルティ研究に新次元を開く画期的な著作。

〈2415円〉

クリシュナムルティ著／大野龍一訳

『自由と反逆――クリシュナムルティ・トーク集』

生に安全はない。安全への希求を放棄したとき、生の豊饒が姿を現わす！

〝生の革命家〟クリシュナムルティの誕生を告げる一九二八年キャンプファイヤー・トークの全文と、成熟期一九四七年マドラス講話に示された、揺るぎない「日常への指針」。模倣に基づいた中古品の人生ではなく、個性的な独自の人生を歩むためのガイド。

〈1680円〉

J・クリシュナムルティ著／大野純一訳

『しなやかに生きるために——若い女性への手紙』

人生の様々な問題や困難にもめげず、しなやかに、たくましく生き抜くにはどうしたらいいのか？　本書に収録された温かい思いやりにあふれた一連の手紙の中で、クリシュナムルティはこの難題に取り組んでいる。われわれを真の自由へと誘う偉大なる牧人クリシュナムルティが、彼の許を訪れたとき心身ともに傷ついていた若いインド人女性宛に書いた、慈愛に満ちた書簡集。

〈840円〉

J・クリシュナムルティ著／大野龍一訳

『人生をどう生きますか？』

クリシュナムルティの多くの著書から短いパラグラフの形で抜粋され、読み易く理解し易いようにトピック別に編集された、一巻本選集。クリシュナムルティにまだあまりなじみのない読者や、全体的な視野から彼の教えを見直したいと願う読者には最適の一冊。◆セクション1・あなたのセルフとあなたの人生◆セクション2・自己理解：自由への鍵◆セクション3・教育、仕事、マネー◆セクション4・関係

〈2100円〉

J・クリシュナムルティ著／大野龍一訳

『生と出会う——社会から退却せずに、あなたの道を見つけるための教え』

危機の時代を生きる現代人のための、自由人クリシュナムルティの力強い助言と励まし。「中心のない」気づき、観察とは何か？ 本書でクリシュナムルティは それこそが瞑想であるゆえんを詳述し、そのとき生じる「根底的革命」が自己催眠や自己欺瞞の産物ではない真の安心感、愛と生の豊かさの感受、絶対的な自由の感覚を生み出すと語る。それなくしては恐怖・葛藤からの離脱、病んだ人間関係の修復、混乱した社会の中での明快で柔軟な行動、秩序の創出もありえない。

死の前年までの三〇年間の著述・講話から、メアリー・ルティエンスが選出・編集した、〝偉大なアウトサイダー〟クリシュナムルティの教えが凝縮された一冊。

〈2100円〉

J・クリシュナムルティ［著］／大野龍一［訳］

『既知からの自由』

四〇年近く読み継がれてきた名著の新訳。格好のクリシュナムルティ入門書。

〈1680円〉

神尾学編著／岩間浩・今井重孝・金田卓也著

『未来を開く教育者たち――シュタイナー・クリシュナムルティ・モンテッソーリ…』

教育の危機が叫ばれる今日、新しい教育に向けて一筋の光明を与えるものとして、専門家のみならず一般の方々の注目をも集めはじめているシュタイナー・クリシュナムルティ・モンテッソーリといった教育者たちの共通項を探っていくと、教育の世界では今まで表だって言及されることのなかった「神智学」という言葉にいきつく。

この神智学は、一九世紀後半ロシア人のブラヴァツキー夫人によって創始されたものであるが、それをキーワードに手繰っていくと、上記の各教育の特徴、ユネスコの設立にまで神智学が深く関与していた等の重要な歴史的事実、また今後進んでいくべき方向性が明確になっていく。

〈1680円〉

J・クリシュナムルティ著／大野純一訳・解説

『クリシュナムルティの教育原論――心の砂漠化を防ぐために』

従来の教育のあり方を根底から問い直した革命的教育論。

〈1680円〉

メアリー・ルティエンス著／大野純一訳

『クリシュナムルティの生と死』

「何が真理ではないか」を指摘し続けたクリシュナムルティは二十世紀の典型的偶像破壊者の一人であり、特定のいかなる哲学、宗教あるいは心理学派との同一化も断固として否定した。が、変容を促す彼の洞察と観察は多くの人々に深甚なる影響を及ぼした。

本書の目的はこのきわめて注目すべき人間の性質を解明し、彼の成長の過程をたどり、そして彼の長い生涯を展望することである。そのため著者はクリシュナムルティの成長にとって不可欠の事柄だけを選び、それらをいわば長大な年譜としてまとめ上げた。本書は稀有の覚者クリシュナムルティの生涯に関するルティエンスの研究成果の集大成である。

〈2310円〉

J・クリシュナムルティ著／小林真行訳

『アートとしての教育――クリシュナムルティ書簡集』

学びと気づき、条件づけからの解放、関係性と責任、自由と英知など、幅広いトピックに光をあてながらホリスティックな教育のあり方を示した書簡集。こどもたちの未来に関心を寄せる全ての人たちに贈る、英知の教育論。

〈1995円〉

イーブリン・ブロー［著］／大野純一［訳］

『回想のクリシュナムルティ・第1部：最初の一歩……』

様々な関係者の証言を通してクリシュナムルティの実像に迫る。

本書第1部では、クリシュナムルティの最初の家庭教師ラッセル・バルフォア・クラーク、星の教団に城と領地を寄進したパラント男爵、初恋の人ヘレン・ノース、娘の時両親とともに教団に加わり、後に精神分析専門医になったヘッダ・ボルガーなど、最も初期の関係者たちとの会見録や、当時の写真・資料を駆使して、星の教団解散までのクリシュナムルティの歩みを辿る。

〈1890円〉

イーブリン・ブロー［著］／大野純一［訳］

『回想のクリシュナムルティ・第2部：最後の一歩……』

様々な関係者の声を通してクリシュナムルティの教えの本質に触れる。

第1部（既刊）に続く本書第2部では、六〇人ほどの関係者の回想・手記および多数の写真を交えつつ、星の教団解散後から一九八六年の死までの歩みを辿る。

クリシュナムルティから放たれた強烈な洞察の光は、関係者それぞれの内奥にまで達し、次にそこから跳ね返ってわれわれの内面に貫入し、「内なる革命」を遂げるよう強く訴えかけてくる。

〈2100円〉

J・クリシュナムルティ著／渡辺　充訳

『時間の終焉――J・クリシュナムルティ＆デヴィッド・ボーム対話集』

著名な理論物理学者と稀有の覚者が、人類の未来について、英知を傾けて行った長大な対話録。五、六千年ほど前から辿られ続けてきた間違った進路から人類を転じさせるべく、心理的葛藤の根源、自己中心的行動パターンの打破、脳細胞の変容、洞察の伝達、老化の防止、断片化された人生から生の全体性をいかにして回復させるべきかへと話し及ぶ。

〈2415円〉

J・クリシュナムルティ著／こまいひさよ訳

『四季の瞑想――クリシュナムルティの一日一話』

日常生活を瞑想の場として生きるためのヒントが満載！

本書に収録された三六五話は、一九三三年から一九六八年にかけて行なわれたクリシュナムルティの講話や対話録から精選されたものである。

これらの言葉を春夏秋冬を通して読み進めることによって、私たちはクリシュナムルティと共に悦ばしい自己発見と自己解放のための旅を辿ることができる。

〈2310円〉


J・クリシュナムルティ［著］／柳川晃緒［訳］

『変化への挑戦――クリシュナムルティの生涯と教え』《英和対訳◎DVDブック》

クリシュナムルティの生涯と教えに関する本邦初のDVDブック。

これまでクリシュナムルティの著作の邦訳書は多数刊行されてきたが、彼の生涯や講演についてのビデオ録画がわが国で一般向けに公開されたことはなかった。このたび、クリシュナムルティ・アメリカ財団の依頼に応じて、初めて英和対訳のDVDブックを刊行する運びとなった。暴力へと条件づけられた人類の意識の変容を促すべく、イギリス、スイス、インド、アメリカをまわり、講演・討論を行ない、個人的面談に応じ続けた〈世界教師〉クリシュナムルティ。その九〇年にわたる生涯のあらましを貴重な映像によって辿り、聴衆一人ひとりに語りかけてくる彼の表情と肉声に接することができる。
［本書の構成］第1部　変化への挑戦■第2部　「変化への挑戦」の製作について■第3部　教えの未来■第4部　真理の運び手■第5部　人と教え
〈2835円〉

J・クリシュナムルティ［著］／柳川晃緒［訳］

『真の革命――クリシュナムルティの講話と対話』《英和対訳◎DVDブック》

袋小路からの脱出を可能にする究極の革命

本書に収録された合わせて八篇（各約三〇分）の講話と対話を通じてクリシュナムルティは、いまや砂漠と化しつつある現代世界の中で、われわれ一人ひとりが、いわば「オアシス」のような存在になることが急務だと訴えている。

そのためには、関係を鏡として自己観察を行い続けることによって、自分の内面に組み込まれている心理構造を点検し、それを構成しているもの――羨望、攻撃性、恐怖、快楽の追求、貪欲など――に徹底的に気づき、それらから自由になるという意味での「真の革命」を静かに遂げなければならない。本書は、そのような革命への道を辿るためのガイドである。

YouTubeで公開されているドキュメンタリー映画「時代の精神（Zeit Geist）」の続編）に、これから始まるであろう新たな精神革命の先頭に立つ覚者として登場。

〈2940円〉

Ｊ・クリシュナムルティ著／大野純一訳

『静かな精神の祝福――クリシュナムルティの連続講話』

一九五五年にオーハイで行われた８回にわたる連続講話

クリシュナムルティの教えのエッセンスがほぼ網羅されたこの一連の講話の中で、彼は私たちが意志の行使、努力、自己改善、等々へと条件づけられており、そのためにかえって自己中心性ひいては暴力性を強めていると指摘し、それらから自由になるための道を懇切丁寧に指し示している。そして徹底した自己観察を通して騒がしい精神が自発的に働くのをやめ、静かな精神によって引き継がれることが急務だと強調している。なぜなら、それによって思いもよらなかった創造的な生き方が可能になるからである。〈１６８０円〉

Ｊ・クリシュナムルティ著／大野純一訳

『伝統と革命――Ｊ・クリシュナムルティとの対話』

インドの知識人たちとの三〇回にわたる対話録

「偉大な教師にまみえたからには、学びにいそしめ」（カタ・ウパニシャッド）という真摯な学びの精神でクリシュナムルティのまわりに参集したインドの知識人が、彼らの背景にあるインドの伝統的知識を引き合いに出しながら、様々なテーマについて話し合い、それぞれの意識とその中身である過去、心理的記憶、思考、悲しみ、死の恐怖、等々を徹底的に検証し直し、重荷としてのしかかっている「伝統」からの出口と、古い意識（脳）から抜け出し、新しい意識（脳）を生み出すこととしての「革命」の可能性を模索している。〈２３１０円〉

「コスモス・ライブラリー」のめざすもの

古代ギリシャのピュタゴラス学派にとって〈コスモス Kosmos〉とは、現代人が思い浮かべるようなたんなる物理的宇宙（cosmos）ではなく、物質から心および神にまで至る存在の全領域が豊かに織り込まれた〈全体〉を意味していた。が、物質還元主義の科学とそれが生み出した技術と対応した産業主義の急速な発達とともに、もっぱら五官に隷属するものだけが重視され、人間のかけがえのない一半を形づくる精神界は悲惨なまでに忘却されようとしている。しかし、自然の無限の浄化力と無尽蔵の資源という、ありえない仮定の上に営まれてきた産業主義は、いま社会主義経済も自由主義経済もともに、当然ながら深刻な環境破壊と精神・心の荒廃というつけを負わされ、それを克服する本当の意味で「持続可能な」社会のビジョンを提示できぬまま、立ちすくんでいるかに見える。

環境問題だけをとっても、真の解決には、科学技術的な取組みだけではなく、それを内面から支える新たな環境倫理の確立が急務であり、それには、環境・自然と人間との深い一体感、環境を破壊することは自分自身を破壊することにほかならないことを、観念ではなく実感として把握しうる精神性、真の宗教性、さらに言えば〈霊性〉が不可欠である。が、そうした深い内面的変容は、これまでごく限られた宗教者、覚者、賢者たちにおいて実現されるにとどまり、また文化や宗教の枠に阻まれて、人類全体の進路を決める大きな潮流をなすには至っていない。

「コスモス・ライブラリー」の創設には、東西・新旧の知恵の書の紹介を通じて、失われた〈コスモス〉の自覚を回復したい、様々な英知の合流した大きな潮流の形成に寄与したいという切実な願いがこめられている。そのような思いの実現は、いうまでもなく心ある読者の幅広い支援なしにはありえない。来るべき世紀に向け、破壊と暗黒ではなく、英知と洞察と深い慈愛に満ちた世界が実現されることを願って、「コスモス・ライブラリー」は読者と共に歩み続けたい。